不吼不叫

博士妈妈高效教养法

[美] 画云博士 ◎ 著

上海社会科学院出版社
SHANGHAI ACADEMY OF SOCIAL SCIENCES PRESS

图书在版编目（CIP）数据

不吼不叫：博士妈妈高效教养法/（美）画云博士著．—上海：上海社会科学院出版社，2020
ISBN 978-7-5520-3249-9

Ⅰ.①不… Ⅱ.①画… Ⅲ.①家庭教育 Ⅳ.①G78

中国版本图书馆CIP数据核字（2020）第115527号

不吼不叫：博士妈妈高效教养法

著　　者：	（美）画云博士
责任编辑：	赵秋蕙
特约编辑：	徐　昕
封面设计：	主语设计
出版发行：	上海社会科学院出版社
	上海市顺昌路622号　　邮编 200025
	电话总机 021-63315947　　销售热线 021-53063735
	http://www.sassp.cn　　E-mail: sassp@sassp.cn
印　　刷：	天津旭丰源印刷有限公司
开　　本：	710毫米×1000毫米　1/16
印　　张：	17.25
字　　数：	200千字
版　　次：	2020年9月第1版　2020年9月第1次印刷

ISBN 978-7-5520-3249-9/G·962　　　　　　　　　定价：46.80元

版权所有　翻印必究

谨以此书献给

给我生命的父母
我给生命的一双儿女
深刻影响我生命的丈夫和朋友

权威推荐
Recommendation

我们其实都在无形中戴着一副"眼镜",通过它看待孩子、看待教育,看待一切人和事,并据此采取行动和应对。然而这副"眼镜"常常偏颇失准走样,不由得就让我们误入歧途,于是就有了"问题孩子",有了紧张难解的亲子关系,有了彼此都痛苦的心灵。我觉得画云博士是矫正这副眼镜的高手,而且,借助她总结的经验和方法,你也有能力让自己的"眼镜"变得崭新又明亮,并进而化解你和孩子之间的棘手难题。画云博士的书好看,一气读完!

——包丽敏

前《中国青年报·冰点周刊》副主编、《中国新闻周刊》执行副主编、《孩子,我愿意这样爱你》作者

画云博士是一位真诚的妈妈,更是一位有智慧的妈妈。温情的底色,恰如其分的方法,在专业理论的指引之下,娓娓道来,给陷入育儿焦虑中的父母带来解决之道,提升了家长对成长这件事的认知,同时也给读者以深沉的安慰。

——蔡朝阳

著名儿童阅读推广人、《我家有个小学生》作者

画云博士这本书可以帮助父母们突破固有的思维,多一个角度去看待很多教养难题。无论孩子的学习能力还是品格塑造,都可以用先进的科学方法来指导。在高度国际化的今天,我们需要学习用更加开阔的视野来培养孩子的领导力、学习力、沟通力等关键能力,让孩子的未来可期。

——常青藤爸爸

耶鲁大学MBA、哈佛大学教育学硕士、《别错过孩子英语学习敏感期》作者

如果你在育儿方面感到困惑，非常建议阅读这本书。画云博士不仅给出了解决问题的具体路径，还告诉你方法背后的科学依据，以及如何转变思考模式，是一本诚意之作。按照书中给出的方法去练习，相信你会创造出崭新的亲子关系。

——凌想

资深出版人、心理咨询师、《好妈妈都懂的心理学》作者

这本书以案例分析的方式，从几乎每个孩子都会遇到的学业、心理、交友等实际问题出发，教父母做好情绪管理，学会如何与孩子相处，给孩子最好的成长支持。

——张贵勇

文学博士、《中国教育报》资深编辑、《真正的陪伴》作者

画云博士是一位充满智慧的妈妈，在她看来，许多育儿难题的存在根源上是父母的观念需要革新。所谓高效教养法的秘方，其实是科学的思维方式加上良好的沟通技能，再加上一点点温柔与耐心。知易行难，让我们跟着这本实践性超强的书一起学习做不吼不叫的好父母吧。

——周洲

央视前主持人 & 制作人、家庭教育品牌"有养"创始人兼 CEO

CONTENTS
目 录

前 言 好的沟通就是好的教育

从易怒的大号孩子到成熟妈妈的改变中,我醒悟了什么　　i

人际关系的"根":我际关系　　iii

做思维的主人,你定能快乐并活出精彩　　viii

/第1章/　积极正面地解读孩子

1. 对出错的孩子,该惩罚,还是该唤醒他的精神　　03
2. "我不喜欢你的课,再也不来上你的课了!"　　08
3. 10岁男孩看了性爱视频　　12
4. 如何恰到好处地与孩子谈早恋　　17
5. 怎样和故意捣蛋的孩子相处　　22
6. 孩子不跟人打招呼就是没礼貌吗　　27
7. 16岁女孩和网友见面,都是孩子的错吗　　31

/第2章/　经常受鼓励的孩子更自觉

1. 妈妈的情绪如何影响孩子的学习成绩　　39
2. 从小培养儿子将来做个好丈夫　　43

3. 如何让孩子更有自主学习力　　47

4. 为什么你一说话，孩子就嫌烦　　51

第 3 章　了解孩子，需要科学的眼光

1. 为什么孩子"不识好人心"　　61

2. 别轻易给孩子的行为贴道德标签　　66

3. 巧用思维导航仪，帮助孩子摆脱考前焦虑　　71

4. 孩子上课犯困背后的学问　　79

5. 孩子坐久了会影响学习　　87

6. 从小被吓怕的孩子，如何自信起来　　92

7. 想要走进孩子的世界，父母该做好哪些准备　　98

第 4 章　给孩子多一点尊重、信任和欣赏

1. 怕伤孩子自尊的话题如何处理　　105

2. 面对孩子的进步，父母小心变成绊脚石　　110

3. 原来这样做父母是不及格的！　　117

4. 我因强烈的好奇，错待了我的学生　　122

5. "你是长辈，就可以这样管我吗？"　　126

6. 孩子的问题让孩子自己解决　　132

7. 为什么孩子会"屡教不改"　　137

8. 为什么父母磨破嘴，孩子就是不行动　　142

第 5 章　角色互换，让孩子学会沟通的快捷键

1. "他们不理我，我怎么领导他们？"　　151

2. 教孩子巧妙回应别人的侮辱　　156

3. 孩子不喜欢任课老师怎么办　　162

4. 伤透心的学生，为什么选择跟老师道歉　168
5. 妈妈这样沟通，孩子更守纪律　176
6. 学会道歉是一种体面　184
7. 孩子在学校被排挤怎么办　189

/第 6 章/ 多给一点自由，孩子更独立自主

1. 想给她点钱，咋就那么难啊　199
2. 允许孩子偶尔任性，锻炼孩子知难而上　204
3. 如何提高孩子的专注力　208
4. 如何让孩子不受校园负面环境影响　212
5. 你想法再好，都不如让孩子去实践　216
6. 如何提升孩子的合作能力　221
7. 给人留下好印象是一种能力，也需要从小培养　226

/第 7 章/ 父母永远是孩子最强大的后盾

1. 老师当众羞辱孩子，家长该如何介入　233
2. 女儿被欺负，妈妈的处理尽显人性光辉　239
3. 14 岁女儿被邻居骚扰，家长该怎么办　245

附　录　思考与沟通 Think and Speak Up　252

前言
好的沟通就是好的教育

从易怒的大号孩子到成熟妈妈的改变中，我醒悟了什么

我有两个孩子，女儿天和1994年出生于中国长春，26个月的时候，跟我来到美国，儿子Timmy2001年出生于美国达拉斯。

如果你看过我的简历：28岁化学博士后出站，成为中国最早的700名博士后之一，中国科学院最年轻的副研究员之一；在美国取得计算机科学硕士学位，做了10年高科技跨国公司的高级工程师后，投身教育，创建了"思考与沟通"课程，致力于提高从小学生到成人的沟通与领导力技巧。看到这儿，你会不会想，嗯，这人挺优秀。我啊，原来也觉得自己挺牛。

我曾以为能拿下高难度的科研课题，对付小孩子还不是小菜一碟。我真的是做梦都没想到，跟小孩相处可比搞科研难多了。

女儿一年级时，因为课堂内容对她来说太简单，她没兴趣，所以上课不听讲，老师留什么作业她根本就不知道。她很聪明，但考试常常不及格。没办法，老师每天每隔45分钟记录一下她的表现。一天6节课记6次。她表现好，老师就记个笑脸，有问题，就记录具体发生的事情。天和最多一天拿过三个笑脸。我忙碌一天回到家，看到她从不和她亲热，而是丢给她一句："把老师的记录拿来我看看！"老师写的是英文连笔字，我看不懂，也不想看，不问缘由就大发脾气。

你和孩子发过脾气吗？你注意过自己发脾气后孩子是什么模样吗？是不是身体紧绷着，眼神胆怯或眼泪汪汪的？

我想知道，你发脾气赢了这个惹是生非的"熊孩子"之后，有赢了别人的那种喜悦感吗？你的心情也和我一样复杂吗？

为什么我们赢了，心情却如此复杂？

因为孩子丢了尊严，而我们，失去了和孩子间的亲密！

我想知道，你发脾气后的效果如何？我发脾气后，女儿还是重复着从前的错误，老师也还在重复记录着那些问题。因为无知，我进入了一个误区，我认为发脾气是因为我爱女儿啊，我把发泄怒气的过程看作是教育，而且火气越大越是在认真地教育她。

尽管我的教育是在欺负女儿，以牺牲女儿的尊严为代价，我却浑然不知。不过，和女儿的紧张关系让我常常问自己：一个妈妈有了孩子，就会自动被赋予教养孩子的技能吗？要是有当妈能力考试的话，我能及格吗？

直到女儿中文学校一年级结业那一天，孩子们唱了那首大家都熟悉的《世上只有妈妈好》，不知不觉中我竟泪流满面。我意识到：好像只有我认为女儿表现好的时候，我才给她我的怀抱，她才是一块宝；当我觉得她的行为不可爱时，她在我的面前就是一根草。

我终于明白：不论我的出发点是什么，让女儿焦虑、缺乏安全感、低自尊的做法，一定不是教育，更不能叫作爱！

原来这么多年，我只是在吃、穿、住、行上做了女儿的妈妈。在她出错时，因为我的无知，先顾及的总是自己的面子，还以爱为理由，想尽办法欺负、伤害她。可悲的是，我把欺负伤害当作是教育！原来在心理层面上，我不过是一个易怒的大号孩子，而不是一位心智成熟的妈妈！

我的脑海中呈现出一幅画面，我坐在低洼的地方，举头问上苍："这个孩子是我最爱的生命，可她总惹事，有谁能来帮帮我？！"

就在喊出"有谁能来帮帮我"的瞬间，我想起从前托人办事时，内心也曾有过这样的呐喊。我竟把与孩子的沟通和托人办事,迅速做了一个比较,并发现这两者居然有共同点,都是我希望别人按照我的意愿行事,区别在于托人办事时我没命令人家:"这事,你即刻给我办了!不然我给你好看!"我得恳求人家:"请您帮个忙解决这事好吗?谢谢哈!"可让孩子做事时,我除了命令就是威胁。想到这里,我决定试试走走女儿的后门。

刚好,那天她放学回家后拖拉着不做作业,我没像平时那样张口就喊:"怎么还没做作业?快给我做去!"或者"不做作业是吧,没问题,那今天就别吃饭了!"而是换了一种口气:"天和,你看是不是得开始做作业了?"我的温柔把女儿吓了一跳。

她一改以前的强烈反抗,应了一声"好的"就去做了,她的零抗拒也把我吓了一跳。我醒悟到:我变了,孩子就可能会变。后来,我将这一时刻定义为我和女儿关系史上最具里程碑意义的一刻。我当即决定:我要自学当娘!

在自学当娘的路上,我认真对待和女儿之间发生的每一件事,渐渐地我发现光有改变的决心是远远不够的。于是,我开始学习沟通,参加了三个与沟通有关的俱乐部——"女子展望与领导力俱乐部""国际演讲协会""国际教练协会"。

在持续地学习和实践中,我提高了处理矛盾、表达情绪的技巧,创建了"思考与沟通"课程,和女儿从不能沟通到互为导师。我相信我找到了影响我和女儿,影响我和所有其他关系的关键——我和我自己的关系,我定义这个关系为"我际关系",并用我际关系改造自己,自学当娘!

人际关系的"根":我际关系

在告诉你什么是我际关系之前,我先问你:你和你自己交流吗?

你现在是不是正在问自己:"我跟自己交流吗?"回答通常不外乎:交流、不交流、好像交流、好像不交流。

不管你的回答是什么，上述的问答过程，其实就是在和自己交流。

在我数十场线下的讲座中，每当我问这个问题，总有一半以上的人说不跟自己交流。你说这部分人在回答之前，是不是问过自己："我跟自己交流吗？"这问自己本身就是在和自己交流，对吧？

心理学研究告诉我们，每人每天平均有12000到70000个想法，既然人和自己有那么多交流，应该给人和自己的交流一个定义！

我们把人和人的交流叫什么关系？人际关系；

把国和国的交流叫什么关系？国际关系；

那我和我的交流应该叫什么关系呢？对了，我际关系！

我际关系这个词是我定义的。我认为我际关系是影响一个人的情绪，以及一个人与他人健康交流的根。

你可能会问何以见得？我来讲个故事吧。

有一次，我在一家饭店用餐，对面坐着一个40岁左右的男人和他的女伴。服务员是个小姑娘，上菜时一边把盘子放在桌上一边报菜名："冬瓜火腿，请慢用。"

小姑娘走后，那男人就在盘子里搅来搅去，边搅边抱怨："你看看，我说你看看，这是火腿吗？这分明是肥肉！"

然后他大吼一声："服务员！"这一嗓子吓得坐对面的我差点跳起来。

小姑娘战战兢兢走过来，那男人就开始训斥。

旁边的我一边吃饭一边暗自做了个决定：我要找那男人谈一谈。

我后来把这件事讲给朋友，听到这里他数落我说："你简直多管闲事，找抽啊！"另一朋友打趣道："如果是我，我就说，哎兄弟，别嚷嚷，不就是不爱吃肥肉嘛，我爱吃，我帮你吃了算了！"

言归正传，你说这人他凭什么训斥服务员小姑娘？我要站在道德至高点上教训他。我要伸张正义，我义正，所以我辞严；我理直，所以我气壮！就算挨他几句难听的也没什么，总得有人出面为姑娘说句话吧？！

我啊，一生爱打抱不平，习惯了这样的思维。

可转念一想，人都不喜欢输，跟他讲理让他认输，难；人都不喜欢被指责，尤其是来自陌生人的指责。

我问自己：你希望别人在公众场合指责你，对你指手画脚吗？己所不欲，为何施于人呢？你打抱不平他就会变好吗？

想到自己讲座写书都在强调有效沟通、强调双赢，我对自己说："有能耐你就双赢，那才算是本事？"

如何做才能双赢呢？就那人那驴脾气，我的妈呀，您叫我跟他怎么双赢？

抓耳挠腮之际灵感来了："我不要站在道德制高点上指责他，给他贴标签，我要挖掘他人性的本善，用我希望被对待的方式对待他，帮他以后更好地处理类似的事情。"想到这儿，有一股善意访问心头。

于是，我满脸笑容地走过去："不好意思，想多句嘴。"那男人看我的眼神是友好的。"刚才你那一嗓子可把我吓坏了，我差点从椅子上跳起来。服务员也吓坏了，我看她腿一直在抖。"

我跟他用的是跟好朋友开玩笑的语气，有点像："你臭小子把我给吓坏了。"

男人的眼神仍旧是友好的。我就跟他理性分析了："你看哈，这菜是师傅做的，用多肥的火腿服务员不知道，对吧？"

他点了下头，我鼓足勇气，赶紧把要说的说出来："刚才你那态度，有损服务员的尊严，对你的形象也不利。"

男人的眼神里多了点儿认真的成分，我受到鼓舞接着说："下次遇到同样的事，声音小点儿，友好地讲出你的要求，好吗？"

男人认真地说了一个字，是什么？"好！"

我转身的瞬间，他又说了三个字，是什么？"谢谢噢！"

他谢我，我也谢我自己，感觉是把一个对骂的对手成功地变成了队友。

我彻底地明白：有理不一定能走遍天下，但有理好好说，事情就会好办。

现在我们看一下，在和那男人谈话之前，我与自己的交流过程：

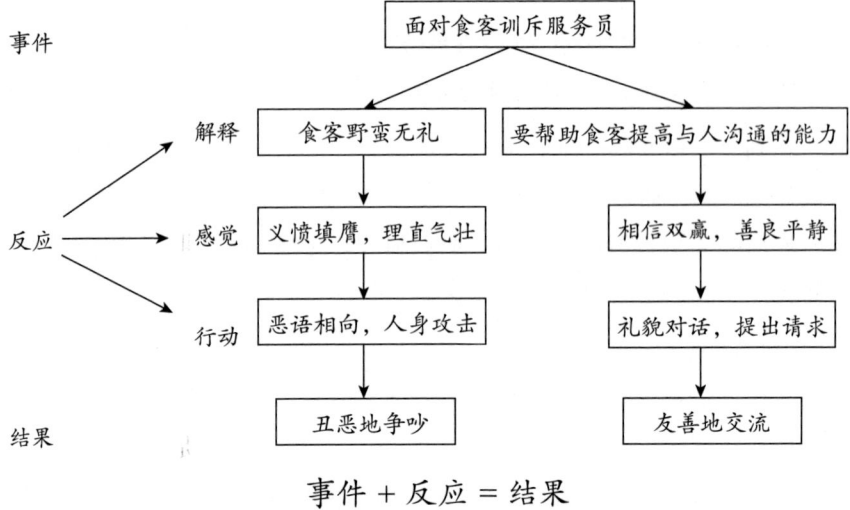

事件 + 反应 = 结果

同样一件事，我对事情的反应不同，得到的结果截然不同。

从遇到事情，到解决事情，经历了：

事件 → 解释 → 感觉 → 行动 → 结果

结果由行动决定，行动受感觉的影响，决定感觉的是什么？是对事件的解释。由此可以推断：最终决定结果的是人对事件的解释。

行动之前，我们只跟自己交流，因此，我际关系＝对事件的解释＋感觉。

下面的图表展示了我在食客训服务员这件事上的我际关系。

事件：与训服务员的食客的交流			
	消极无效的沟通		积极有效的沟通
我际关系	解释：食客野蛮无礼	我际关系	解释：帮助食客提高与人沟通的能力
	感觉：气愤，要打抱不平		感觉：平静，理智

在我和食客交流之前，我先是要抱打不平，可人之常情告诉我那样不妥，我就挑战自己去挖掘食客人性的本善，理直无须气壮，关键是双赢，利己又利人！这样的想法让我感到良善平静。

上面的心理活动就是我和那男人沟通之前跟自己的交流，那个男人根本不知道，这就是我在这件事情上跟自己建立的我际关系。这样的我际关系决定了我和那男人说话的态度和语气，影响了我和他交流的结果。因此我说我和我的交流，也就是我际关系是影响人的情绪和人际关系的关键。

搞明白这点，在孩子叛逆、发脾气、拖拉、惹事、屡教不改的时候，我不再大发雷霆，不再惩罚孩子，而是把孩子出错当作是和他们一起成长的最好时机。以双赢为目标处理和孩子之间的事，让我从粗暴地爱孩子到和孩子的关系变得日益融洽，并在不知不觉中影响孩子。

比如，我际关系帮助我从容地处理孩子对我、对老师的出言不逊，受到影响的孩子学会了体面地处理别人的无礼。我印象最深的例子是，一次我和女儿电话时出现了激烈的争执，她突然说："等一下。"过了一会儿她语气平静地问我："我怎么做才能帮助你得到你想要的？"女儿让我等的时候，就是在跟自己沟通，在重新建立她的我际关系，然后讲出了这句温暖、大气、收获双赢的话。

在这本书中，我将从一个妈妈的角度，一个老师的角度，一个科学家的角度，通过发生在我身边的故事，讲述我怎样建立我际关系，先改变自己，再改变孩子和学生的故事，为你和孩子实现有效沟通提供思路。孩子快乐了，体内有助于提高学习兴趣的多巴胺分泌就会增加，孩子会更愿意挑战有难度的事情。

西方有句谚语：成长是不可替代的事情。龙应台说：有些事，只能一个人做。有些关，只能一个人过。有些路，只能一个人走。希望我们的孩子能够利用我际关系正确地面对挫折，提高成功快乐的能力，更自信地一个人做事，更从容地一个人过关，更坚定地一个人走在路上！

做思维的主人，你定能快乐并活出精彩

跟我一对一咨询的高二学生，枚枚，曾因期中考试数学考得不好而情绪低落。她知道已无法改变这个成绩，但内心忍不住责怪自己。她说她真的不想再想这件事，可就是做不到。她问我怎么才能尽快调整好情绪，把全部精力用来学习。

我们知道人的情绪感觉是由人对事件的解释产生的，因此我和她的谈话重点是怎样通过改变对事情的解释来改善情绪，改善我际关系。

画云： 能告诉我，你是怎么强迫自己不要想的吗？

枚枚： 我认为那些想法本来就是我不该想的，所以想法一出现，我就告诉自己不去想不该想的。

画云： 你强迫自己不要想，有效果吗？

枚枚： 越强迫越糟糕。

画云： 你知道为什么越强迫越糟糕吗？是我们的潜意识不知道否定式造成的。

枚枚： 我不懂。

画云： 我们来做个试验，现在你告诉自己别想一个梳辫子的小女孩在镜子前跳舞。你的头脑中出现小女孩照镜子跳舞的画面了吗？

枚枚： 出现了。

画云： 你告诉自己别去想，你还是想了，对吧？这就是我们的潜意识不懂否定式的特点造成的。你抑制想法，告诉自己不去想你认为不该想的事情，是因为你不了解潜意识的这个特点。在这种情况下我们的意志不能左右我们的思维，是吧？以后你跟自己说话时得特别小心了。

枚枚： 怎么小心呢？

画云： 类似的事情再发生时，跟自己喊"停"，不用否定式。

先问你一个问题，假设你羽毛球比赛打得很烂，你非常难过。这时候，爸爸对你说："没事儿，爸给你找最好的羽毛球教练教你，你的成绩很快就会上去了。"而妈妈先给了你一个拥抱，然后说："没打好，你一定

很难过,我知道比赛输了是什么样的感觉,妈特理解你。"

你觉得谁的说法是那个时刻的你需要的?

枚枚: 妈妈的做法。

画云: 爸爸想的办法也是出于好意,也是爱你的表现,但在那个时刻,你最需要的不是方法,而是情感上的认同和理解。对吗?

枚枚: 对!

画云: 除了来自妈妈的认同和理解,你自己能做什么呢?

枚枚: 能做什么?

画云: 你能不能像妈妈一样,跟自己说"我理解我心情不好,有些焦虑"。承认焦虑的存在,比否认它要好得多。另外像妈妈给你拥抱让你感觉好一样,你也可以给自己一个拥抱或者把双手放在心脏的位置,也会让你得到安慰。

(枚枚把双手放在心口,感觉着自己给自己带来的安慰。)

画云: 承认情绪并安抚之,是改善情绪的第一步。

画云: 人情绪不好时,要学会调节。这件事说起来容易,做起来很难。情绪是什么?情绪是人对所思所想而产生的生理反应,是思想的产物。是谁让我们产生的情绪呢?

枚枚: 我们自己!

画云: 你的思想属于你,你想想什么就想什么。比如,我说请想象一个小男孩的活动,你可以想他在踢足球,也可以想他骑在粉色大象的背上,完全由你自己来决定。

因为你能选择你的想法,所以你能控制你的思维,进而影响你的情绪。因此你可以通过控制自己的想法,来改善情绪。

我们总是说:让我想一想。但我们很少注意想的过程,以及想法对我们的影响。既然说我们的想法影响我们的情绪,那怎样想,才不会给自己带来挫败感呢?

考试成绩不理想,看看不同的想法,会产生怎样不同的感觉呢?

事件：数学没考好			
解释	解释的重点	解释的后果	感觉
1. 我连这个都不会，怎么可以？ 2. 我考得这么糟糕，对得起谁啊？我太差劲了。	重点在不足	做自己的敌人 ● 自我挫败 ● 自我否定	悲观失望
1. 这次没考好，让我知道应该注意哪方面的问题，高考时就不会再犯同样的错误了。 2. 尽管此刻我不知道怎样考好，但这提醒我必须想办法改变现状。	重点在进步	做自己的朋友 ● 自我帮助 ● 自我建设	积极乐观

听了我的分析，小丫头说："妈妈平时化妆时，总说自己是在遮掩缺陷，她就是在强调她的不足，对吧？要是让她从自我建设的角度来想的话，她其实是在让本来就漂亮的部分更突出，是这样吧？"

枚枚很兴奋，她明白了想法是可以选择的，她能选择让自己有积极感觉的想法。

为了让她知道不要总是盯着自己的问题想不开，我问她："当别人只看到你的不足时，你对那个人有怎样的感觉？"

枚枚：我过去有个朋友就那样，后来我不愿和她多接触，就不再做朋友了。

画云：她总在你的耳边说你这不行，那不好，所以你渐渐疏远了她，对吧？

枚枚：是的。

画云：如果你总是用消极的方式跟自己交流，那跟你朋友在你的耳边说你不好有很大的不同吗？

枚枚（若有所思）：我在做让自己不开心的事却浑然不知，是吗？

画云：不仅是你，绝大多数人都在做着这件事却不知晓，要不怎么会有"自寻烦恼""天下本无事,庸人自扰之"之类的说法呢?我再问你,如果有朋友看到你的成绩有改善就大赞你的努力,你感觉怎样?

枚枚: 我确实有个朋友是这样的,我觉得跟她在一起特舒服,她说的话对我非常受用。

画云: 现在你知道在你最需要被理解的时候,你可能自己跳出来做了自己的敌人,把自己折磨得痛苦不堪。你不觉得你会向歪曲自己的想法投降吗?有时还会用一件做得不好的小事来定义自己的全部吗?比如我不够聪明或我不够强大。

现在我要求你,在你最需要朋友的时候,假装你就是那个经常赞你的朋友,给自己创造让自己舒服上进的想法,扶自己一把,能做到吗?

枚枚: 有信心!

画云: 刚才讨论的主要是你考试考不好的时候怎样改变思维方式,其实你要锻炼自己用建设性思维来解释身边发生的所有事情,建立良好的我际关系。

我曾和朋友分享我在菜园中种的蔬菜的照片,有几种菜不太常见,我就做了说明。结果不同的人反应大不相同。

事件:看到不常见的蔬菜			
解释	解释的重点	解释的后果	感觉
朋友A:谢谢老师,我又多认识了几种蔬菜!	我在成长	做自己的朋友 ●自我帮助 ●自我建设	好开心
朋友B:我太孤陋寡闻了,只认识西红柿,我一定是你朋友圈中最笨的人!	我很差劲	做自己的敌人 ●自我挫败 ●自我否定	好沮丧

在接下来的时间里,朋友A很可能带着成长的心态待人接物,做事会脚步轻盈;而朋友B呢,可能会沉浸在不如人的自责中,如果他是学

生的话，你觉得他能全神贯注地学习吗？

枚枚：不太可能。

画云：很多听过我讲座读过我书的人，都表示过希望能在瞬间击碎自我挫败的思维方式，你觉得可能吗？

枚枚：可能吗？我希望可能。

画云：自我挫败的思维方式是一个人花费成千上万个小时养成的。因此，我们要花费更多个小时来建立新的思维方式：

1. 对自己的情感负责，我的情感来自于我

2. 负面事情和自己的价值间不能画等号，不以成败论自己的好坏

3. 创造并坚持有积极情感的思维方式

还记得你学习骑自行车的经历吗？从开始一坐到座位整个车子就倾斜，到骑一两米就摔下来，到后边帮忙的人可以松手，到自己能够在没人的地方骑一会儿，到不假思索骑上车就走，你经历了尝试、出错、回忆、思考、再努力等一系列过程，最后骑车成为自己的本能。建立新的思维方式，遇事时减少给自己挫败感的想法，也需要像骑车一样经过训练。

你身边有没有这样的同学，他考试考得挺好，但却说："这次瞎猫碰死耗子，运气不错，我可没那些和我成绩一样的同学聪明。"

枚枚：有，我自己也会这样想。

画云：人很怪，做事有欠缺时，就用欠缺部分定义自己，证明自己不够优秀，但又很少用自己做得好的事情来证明自己足够好。

枚枚：确实，出现问题时我常说自己就这德行，可做得好的时候，我又不相信那是自己真实能力的体现。

画云：我来考考你，考试成绩好的时候，怎样的想法才是有建设性的想法？

枚枚（想了片刻）：我要做自己的朋友，考不好时鼓励自己，考好时肯定自己。

画云：这话抓住了重点。

枚枚： 我的成绩好，和运气无关，和我的努力有关，只要我努力，我就会越来越优秀。

画云： 非常棒！一旦你意识到自己有自我否定的想法，及时转弯，换个自我建设的角度来解释事情。慢慢地你就会养成一种新的思维习惯，改善你的我际关系，成为自己真正的朋友。

偶尔有反复，就告诉自己：这是我学会自我建设过程中，建立好的我际关系过程中会出现的情况，就像练习羽毛球一样，会出现一些低级错误，只要我及时发现，把自我挫败的想法变成自我建设的想法就好。

时常有意识地让自己处于这样的心境：我生活在我的控制之下，我安全富足。

经过两个半月的努力，枚枚认真地建立了积极有效的我际关系，人变得乐观多了。

感悟

无论自己处于怎样的情况，都不把逆境状态和自己的价值挂钩。通过自我建设的思维方式，建立积极的我际关系，帮助自己从消极悲观转向积极乐观。日积月累的训练一定会在自己最需要帮助的时候，自然做自己最好的朋友！

Chapter one

第 1 章

积极正面地解读孩子

1. 对出错的孩子，该惩罚，还是该唤醒他的精神

"我踹死你！"

课间休息时，几个学生正围着我聊天，猛然听到这么一声吼，我马上向声音传来的方向望去，看到比我高出一头的13岁的瑞正抬脚去踹地上的同学。

"在干什么？"我脱口而出，很多年没看到过打架的场面了，我下意识地冲了过去。看到瑞踹出去的脚落在小星的臀部，小星往前冲了一下。

我本能地把躺在地上的小星搀扶起来，看到他的左眼下方有一条血痕。

"疼吗？"问小星时，我的心很疼。

"不疼！"11岁的小星和我一样高，很坚强地答道。

"请跟我来，我要和你谈谈。"

小星旁边的女孩很不理解："老师，小星没打人，你为什么先带他走？"

"因为现在最需要得到安慰的是小星，而不是打人的瑞，我要确定小星没有任何问题。你明白吗？"我耐心，也有意教她遇到这样的事情，应该先照顾受伤的人。

带小星到了办公室，我从冰箱里拿了一瓶水垫上毛巾敷在小星的伤

口上，然后开始问小星到底发生了什么事儿。他说他和瑞都在看别的同学玩游戏，瑞碰到他的脚，他推了瑞，瑞就把他推倒并踹了一脚。

"明白了，你现在的主要任务是护理好你的伤，我来找瑞问情况。"

回到教室，瑞面色冷峻地坐在那儿，但我能感到他其实是焦虑的，因为他不知道我会怎么整治他。

"瑞，请跟我来。"

瑞站起来的瞬间，流露出他和所有人为敌的神情，让我想起自己年少时因家庭成分受排挤的经历，我能感到瑞在那个时刻无比孤独。

瑞随我来到办公室，我指了指小星刚刚坐过的椅子："坐吧，宝贝儿。"

我的态度让他非常意外，有些不知失措，他嘟囔着："不能坐下。"

之前踹小星时的霸道和起身要捍卫自己的霸气瞬间荡然无存。

"为什么不能？我是真心请你坐下的，宝贝儿，坐吧。"我温和又真诚。

瑞小心谨慎地望着我，眼中的怒气已消失殆尽："我刚打了小星，不能坐。"瑞的声音又降了几度。

"我知道，我亲眼看见你踹小星。坐吧，宝贝儿！"

瑞一定从我的声音里听出了我的平和与温暖，确信我是真的希望他坐下后，他很不自在地坐了下来，整个身体没有来的时候那么坚挺。我想他原是准备迎接我的狂风暴雨的，没想到我捧给他的是和风细雨。

瑞坐下了。我在想，瑞知道他打人不对，我有必要强调他的不对吗？强调他的不对，能引发他思考吗？我该怎样教他学会冷静地处理类似的事情呢？

这个时候，瑞是最没安全感的，如果我毫无顾忌地发火，是不是相当于在他恐慌的心上踹了更多脚呢？我对他的踹与他对小星的踹又有什么不同呢？我能说自己是在教育瑞，不是在霸凌瑞吗？

想到这儿，我内心竟满是对这个惶恐少年的疼惜。

"跟我说说发生了什么事，好吗？我只想知道事实。"我的态度就是：你说吧，不管发生了什么事，你只管放心说，我不会吼叫或怒骂的。"我和小星看别的同学玩游戏，他把脚放在我桌子上，我就趴在他脚上看同学玩游戏,他让我拿开胳膊,我让他拿开脚,他不但不拿开还推了我,我一生气就推了他,他没站稳就坐到地上了,我心里还是很气,就又踹了一脚。"瑞低垂着头描述了经过。

"哦,我在国外待了20多年了,不太清楚这样的事情发生后,国内的老师会怎么处理,你能告诉我吗?"我非常真诚地想知道,同时也在思考该怎么处理这件事。

瑞想了想说:"老师会发脾气,批评惩罚我,还会找家长。"

"在美国这样的事情是很严重的,是一定要让家长知道的。你想让父母知道吗?"

"不想。"瑞的声音突然从胆怯变得非常坚定。

"你告诉我,如果你看到一个同学把另一个同学推倒了,在人家处于劣势的时候又去踹上一脚,你觉得这么做对吗?"

"不对。"

"从我自己观察到的,小星受了伤,你在他躺着的时候,又踹了一脚,你觉得这件事在所有目击者眼中,谁比较理亏?"

"我。"

"如果你是老师,你是我的话,你会怎么处理这件事情?"

瑞想了一会儿,没有直接回答我:"老师,你会告诉我的父母吗?"看来瑞非常担心父母介入这件事。

"这取决于你和小星,而不是我。我的任务不是指责你,然后把你交给学校和家长去惩罚,我的任务是让你知道,这样的事情发生后如何妥善处理,下一次同样的事情再发生时,你知道如何应对,懂吗?"

瑞的眼里闪过一丝亮光,然后很真诚地说:"老师,是我错了,我不该打小星。"

"非常好,谢谢你勇于承担责任。我去把小星找来,你们两个自己想办法解决,你看好吗?我相信你会作出正确的选择的。"

"放心吧,老师。"瑞不再紧张了。

回到教室,看到小星的眼角肿胀起来,我心里很不舒服:"小星,你受了伤，作为老师我是要跟你的父母解释你为什么受伤的，你想让他们知道吗？"

"不想！"

"可是后天你就要回家了，这么大的一块伤一定会有痕迹的，父母问起的话，你怎么解释呢？"

"我就说自己不小心摔的。"

"瑞很后悔和你动手，如果他向你道歉的话，你能原谅他吗？"

"能。"

"太谢谢你的配合了，小星！"

在去办公室的路上，小星告诉我："老师，你知道吗，我在现场听过您的演说，也看过您的书。"这让我觉得和小星的关系一下亲近了许多。

瑞看见小星进来，主动站起来："对不起，小星，我不该跟你动手。"因为瑞是自愿道歉，他看起来非常真诚，小星也很有肚量："没关系！"

"你们俩现在在一个小组，你们希望还留在一个组里，还是分到不同的组？"两个人都说要留在一个组里，遇到类似的情况，不会再有过激行为了。

他们俩都充满感激地望着我，我自己也处于彻底地被信任中。

瑞和小星后来没再吵闹，还常在一起玩，愉快地完成了最后两天的夏令营生活。孩子们年龄小，难免有一些过激行为。作为父母或老师，我们无须抓住他们的错误不放，给出错的孩子实施软暴力。温暖善良的处理方式远比对他们进行惩罚，让孩子收获更多、成长更快。

孩子出错后，是惩罚他们，还是帮助他们知道出错后怎么承担责任，以后不再有同样的冲动？前者曾让我感觉自己很无能，后者让我有为人父母师长的自豪感。

事件：学生有过激行为	
解释：太过分了，必须严惩	解释：学生以后怎样妥善地处理类似的事情
感觉：愤怒	感觉：温暖
行动：义正词严，口无遮拦，训斥	行动：了解，关怀，指点
结果：出错人被羞辱，仍不知道正确的做法	结果：学生主动道歉，为自己的行为负责

感悟

我曾在别人出错时，感觉自己比出错的人崇高圣明许多，觉得自己有权力辱骂出错者践踏他们的尊严，这份特权从何而来，又是谁给的呢？其实在孩子出错的时候，正是体现一个人爱的能力的时候，孩子们需要成年人敏感、良善相待，更需要成年人用心去唤醒出错人良善之精神！

2. "我不喜欢你的课，再也不来上你的课了！"

"今天我得让妈妈知道锅是铁打的，然后教训一下爸爸！"我一进教室，看到11岁的泰勒正气呼呼地发泄着自己的愤怒。

"怎么回事？怎么这么大火气？"

原来在我的课之前，泰勒先上的素描课。他喜欢素描但不喜欢任课老师，主要是老师每次看到他的画作，总是指指点点，很少看到他的进步。

泰勒是个很要强的孩子，每次上完课，都会按照老师的要求花时间改进作品，可是不管他怎么努力，都无法达到老师的要求。所以，每次上完素描课他都很不痛快。

今天上的是今年最后一节素描课，当他递给素描老师自己千辛万苦创作出来的作品，等待着老师的称赞时，老师上手就开始涂改他的画，嘴里还叨咕着这不对那不美，泰勒真的崩溃了，直接告诉老师："我不喜欢素描！我再也不上这门课了！"泰勒说这话时，他妈妈就坐在老师旁边，泰勒的叫喊让爱面子的妈妈无法接受，带他来上我课的路上，一直在骂泰勒。

我的这次课也是今年的最后一节，每个学生会在这节课上对父母表达感谢并对我的"思考与沟通"这门课程进行评价、提出建议等。

说什么我都想不到，泰勒发完脾气后问我，他是否可以在学生和家长面前讲"我不要再上'思考与沟通'这门课了"。

我的第一想法是：这不上课还有传染性啊？素描课老师让你不开心，你就连我的课也不上了？你可是喜欢我的课的啊？！

如果你是泰勒的老师，他要在公开场合当众说再也不来上你的课了，你会怎么处理？我想你肯定也不会欢欣鼓舞地说："耶，太棒啦！泰勒不喜欢我的课！"

泰勒在我的课堂上是个成绩优异，平日也跟我很亲的学生。但无论如何，听到泰勒的话，还是觉得这小子太过分了。

不过，我马上意识到，自己没有限制任何人说话的权利和表达的自由。再说了，我对自己的课程是非常有信心的。

"泰勒，没问题，你讲吧，我会洗耳恭听的！"

泰勒开讲了，他说这门课让他多了不少作业，作业做不好时，总是挨爸爸的训，做得好的时候，爸爸觉得他做得好是理所应当的，他实在受不了了。他再也不要上这门课了。

观众席上的学生们惊讶地叫起来"啊？什么？"，他们完全不同意泰勒的说法。泰勒差点被同学们从台上嘘下去。

我和任课老师首先称赞了泰勒声音和形体语言到位，抑扬顿挫的声音一直是泰勒的长项。当他谈到父亲的暴躁脾气时，声音和形体语言配合在一起，把一个父亲恨铁不成钢的情感表达得淋漓尽致，就是不懂英文的人也能从他的表演中感受到他愤怒的情绪。他的肢体语言和内容声音完美地结合在一起，我听到了一个愤怒委屈的小男孩从心底发出"我受够了"的声音！我都快觉得泰勒就是不该再来上我的课了。我称赞泰勒表演的部分是过关的。关于内容部分，我也没忘记我的职责是育人，我提醒泰勒这次大家演说的目的是要知道感恩，无论是对父母还是老师。他对父母有意见不是问题，问题是他需要用正确的方式把要说的说出来，不管怎样的负面感觉，都能找到不伤人的方式来表达，从而达到目的。

另外,我感谢他在我的课堂学习和锻炼演说的能力,使他对情感的表达能够如此饱满、有画面感。

听了我的评价,泰勒很意外我对他演说的反应,他有点不好意思地说:"Ms. Lisa,我改变主意了,我的那个演说真的不好,可我也没准备别的稿子,怎么办?"我很惊讶这个容易激动、敢作敢为敢表达的泰勒,竟然还有腼腆的时候!

我赶紧给了他一个台阶好让他下:"你就你的T恤衫说5句话吧!"这样的事情对泰勒来说非常容易。

泰勒关于T恤衫的演讲,从结构、内容、声音和形体语言等各方面都令我满意,我感谢他一个学期以来的进步并告诉他:"一旦你决定做好的事情,你都会做得非常好。"

我也请同学们给泰勒评价,但要求学生们只讲泰勒进步的地方。

下课后,泰勒抓着头发,低着头,眼睛上挑看着我,额头有小孩刻意蹙起的皱纹,哼哼唧唧地说:"Ms. Lisa,我说我不想再上这门课了,你看我还能改变主意吗?"

天啊,这小子竟有说话口齿不清的时候!

"当然可以,老师最喜欢教自己想学的学生,你现在就是自己想学的学生。"我向泰勒眨了一下右眼,那是我对喜欢的朋友特有的信号,我感觉好像我肩上有什么东西卸了下来一样,轻松了。

泰勒妈妈来接他的时候,老远看见我跟泰勒在谈话,她说立马心就揪起来了,后来看到我和泰勒又是拉钩又是拥抱,惊讶得不得了。

泰勒妈妈告诉我,素描老师对泰勒的表现非常失望,可能很长一段时间都无法原谅泰勒了。

在我的课上,泰勒自由地表达他的想法,我没有因他冒犯我而打压他、侮辱他或评断他父母的家教,来维护自己的尊严。

在这件事上,我是怎样建立我际关系的呢?

我问了自己一个问题:作为老师、长辈,我能不能在晚辈说我不好时,还能想方设法帮助他成长,不去计较他给我造成的负面影响,而在意如何影响他，从而实现对自己尊严的保护呢？

事件：泰勒当众说不喜欢我的课，再也不来上我的课了
解释：是给学生树立做人的榜样并维护自己尊严的时机
感觉：大气、大度

从此泰勒真的变了，对课业非常认真。有一次，我忍不住问他发生改变的原因："你能告诉我是什么让你在我的课堂上有这样大的变化吗？"

他说："很简单！第一，长大后我想做一个CEO，我一定得有真本领，那现在就得好好学习以后要用到的知识；第二，我想让我的父母为我骄傲；第三，我想让你为我骄傲！"

泰勒希望我为他骄傲？！我顿时一身鸡皮疙瘩外加一句话脱口而出："泰勒，谢谢你！不过你告诉老师，你最应该让他骄傲的人是谁啊？"

聪明的小泰勒皱着眉斜着眼睛望着我，突然一个"我知道了"的眼神闪过："我最应该让他骄傲的人是我自己，泰勒！"

感悟

生活中，我们会遇到不被尊重的状况，甚至有人会在公开场合告诉你，"不喜欢你的课""不喜欢你的作品"。我们的孩子偶尔也会有不喜欢我们行为的时候。这时，我们是选择简单粗暴地维护尊严，死也要把面子挣回来，因而失去更多呢，还是做个深呼吸，想想我们真正希望的结果是什么？面对晚辈，我们可以不去争面子，可以通过对他们的尊重和理解，来给他们示范遇到类似状况时如何理智大气地处理。

3. 10岁男孩看了性爱视频

朋友依依给我电话时,慌慌张张的,说她和先生已经方寸大乱,不管我在做什么都得放下,必须帮助她。

原来,她发现10岁的儿子偷看网上性爱视频!

我的第一反应是:没必要这般慌乱。

依依就嚷嚷:"这还不慌?这事跟别的事不一样,我们不知道该怎么和这孩子沟通'性'这件事。"

我跟依依保证,儿子做这事纯属好奇心驱使。

性,在大多数华人家庭,几乎是亲子交流的禁区。我们的传统中,性有股子道德味,见不得人。主要问题是,很多人一提到性,一下想到的是生殖活动,把性健康教育曲解为"生殖活动教育"。

在信息如此开放的时代,电脑页面上一不小心就会有尺度过大的有关性的画面弹出,再视性为禁区,闭口不谈,就不现实啦。我曾看到一项统计说,近70%未成年人的性知识来自黄色杂志、三级片、成人网站,仅有不到2%的孩子性知识来自有责任担当的性教育活动。

你不跟孩子讲性,孩子因为好奇还是会千方百计找到获取信息的渠道,与其这样,不如花些心思学习相应的知识亲自引导孩子,这年月要孩子完全不接触和性有关的讯息,那是家长一厢情愿的鸵鸟心态。家长那种"希望孩子长大后自己能慢慢了解性"的侥幸心理,完全不适合当今的"新孩子"——电子时代的孩子。性教育已是摆在桌面上的"必修课",必谈的话题,是很平常的事,也是很隐私的事。

依依: 可我还是不知道怎么开口啊?

画云: 你不知道怎么开口,是你从观念上还没有转过弯来。你自己先要明确,孩子注意到性是孩子成长过程中非常正常的事情。这样,在跟孩子谈的时候口气就会像好奇孩子看了做菜视频一样平静:我注意到你看过性爱视频,跟我说说是怎么回事?

千万千万不要小题大做,你不乱,啥事没有。这本来就不是事,别责备孩子,别让孩子有羞愧的感觉。孩子会根据你对这件事的态度来定义性,是珍贵的还是丑陋的。

孩子的回答很可能是出乎大人意料的说法,我保证绝对不会像大人想象的那么见不得人,甚至肮脏。在和孩子交流时,千万别拿手指指着孩子开骂,这事比你想象中要简单得多。

交流时,孩子可能会问有关性方面的问题,孩子问多少就说多少,对孩子来说,生殖器官就像手、眼睛、鼻子一样,是身体的一部分。记住一定像说平常事一样,别随意深入细致地谈,按孩子能接受的方式解释,因此父母也要丰富自己这方面的相关知识。

依依: 儿子除了看色情网站,还偷偷穿了我的内衣,而且还把胸罩拉起来,照了照片,我担心孩子的性别认知有问题。这该怎么办呢?

画云: 这只能说明一件事,就是孩子长大了,他对性别好奇,他要发现性这件事,就这样。至于他具体做了什么,现在已经不重要了,重要的是怎样引导孩子。建议孩子去读相应年龄的书。

我第一次跟女儿谈性,是她7岁的时候。当时我们在加州旅行,博物馆正播放视频,是关于如何跟女儿那个年龄段的孩子谈"孩子是从哪里来的"。到现在我还记得视频是这样描述的:"爸妈相爱亲密,有时会非常的亲近，这样的亲近会让妈妈肚子有宝宝。然后宝宝在妈妈的肚子里长大。"

那时我到美国的时间还很短，一想到美国人开放，我心里就开始打鼓，生怕视频中有什么不该有的语言或图片出来，暗自祈祷：千万适可而止，不能一下子把什么都告诉孩子啊！

那个关于"孩子是从哪来的"视频就说了那么多。人家就是用"亲密""亲近"描述了一下，较真的我第一次意识到：有时我们有必要只把事情"笼统"地说一下！

看过视频，我还在欣赏"笼统"的惊讶中，就听女儿说："我知道的比这个视频多了去了。"我一下子惶恐起来，女儿倒是打开了话匣子："卵细胞是球形的，是女性体内最大的细胞之一，肉眼都能看得到，一个卵子是皮肤细胞的4倍，红细胞的26倍，精子的16倍大。精子像个气球，460个精子头尾相连排成一队才1英寸长！"

女儿说卵子精子这些概念时，就像说苹果、西红柿一样没障碍。

我就是到现在，也不会把这些词拿来随便说，好在当时女儿用的是英文，要是她说中文的话，我一定会觉得别扭，女儿又接着说："精子卵子结合后变成受精卵，从此一个生命就开始了，最后就变成了一个孩子。"她的科学态度，头头是道的描述，伴随着我后背的凉意（害怕她说出不该说的话，知道不该知道的事情），让我印象极为深刻。孩子眼中的"性"很单纯，成人的经历让性变得神秘甚至可怕。

女儿说完后，我问她从哪里知道这么多的，她说是从我给她买的一本书里读到的。我买书的时候没看具体内容，只看适合多大年龄的孩子看。在美国，不同年龄的孩子都有相应的性教育的书籍，我的两个孩子都是从7岁开始阅读适合自己年龄的性教育相关书籍的，所以我建议依依给儿子看相应年龄段的性教育书籍。

孩子对性好奇是正常反应，没经验的父母遇到这样的事情，一下子不知如何处理也是可以理解的。

我的好朋友磐德博士是一位家庭治疗师，她告诉我那些在童年时玩性游戏被大人发现的来访者中，没有人因玩性游戏造成性心理创伤，创伤都是被父母发现后，父母对孩子鄙视、厌恶的态度造成的。

很多父母遇到孩子"大逆不道"时，不是想着如何引导懵懂的孩子，而是对孩子又打又骂。要说孩子有错，错就错在好奇，可是一个连好奇心都没有的孩子还是孩子吗？

依依和我聊过后，调整了看这件事的角度，平静地找儿子谈了看性爱视频和穿她内衣的事情。

一开始儿子撒谎说看片子是同学的主意。依依不但没生气还告诉儿子："你今天就拿妈当朋友，妈不骂你，你跟妈说实话。"几次鼓励后，孩子就"招供"了，说总共看了三次，但没说都看见什么了。

依依告诉孩子："妈妈不怪你好奇，但看这些有点早，希望你以后不要再看了。还有，你一爷们穿女人内衣不好看呀，将来传出去的话，你哥们会笑你的。"

孩子说就是好玩，第二天孩子就跟没事人一样，依依还要说什么，孩子一句话给打住了："妈，我知道错了，以后我知道该做什么不该做什么了。"

依依也知趣，立刻打住没再废话，她觉得自己要尊重信任孩子。

这件事过后，关于亲子沟通，我又陷入了思考。你看，依依在和孩子交流时，根本就没针对儿子的好奇心进行沟通，而是和她自己头脑中想象出来的孩子的"糟糕"状态在沟通，是吧？

日常生活中，我们跟孩子交流时，孩子有时会感到被冤枉，所以开始辩解，大人认为孩子的辩解就是不听话就是顶嘴。

我在想，孩子顶嘴的根本原因是孩子不听话呢，还是大人误解了孩子呢？我们和孩子沟通时，面对的是孩子的真实情况呢，还是父母想象中孩子的情况呢？

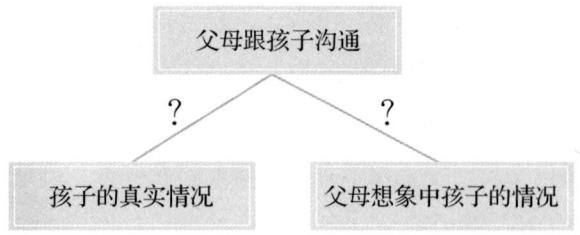

我想大多数情况下，我们是对着孩子的脸，教训自己想象出的孩子的行为，孩子受委屈，自然反抗，父母的权威受到极大的挑战，就会给孩子加"叛逆"罪一枚！

再说依依的例子，儿子才10岁，人生经历那么少，她愣是担心孩子想乌七八糟的事情，甚至怀疑一个10岁孩子的性取向，用成年人的眼光来猜测无辜的孩子，无中生有地给孩子加莫须有的罪名，是不是很过分？

还有，你说孩子怎么就不能反抗呢？我们都想要有主见的孩子，不要懦夫，你把你的想象放在孩子身上，而且无比坚定地相信自己的想象，这和诬陷有什么不同呢？当孩子为自己辩解时，你一口咬定孩子是叛逆，反叛，不听话，那我们是不是很粗暴？

感悟

今天是孩子看了性爱视频，明天孩子可能好奇去吸烟甚至尝尝毒品，我们身为父母，在知道孩子真正的想法之前，不能粗暴地猜测孩子的想法，并按自己的猜测跟孩子讲话，也不要孩子一反驳就骂孩子叛逆。这样的情况下，孩子叛逆是他在争取话语权，不是孩子不听话，是孩子被误解后的自我防卫！孩子不听你不合情理的话，没错！想要孩子配合，我们要先知道孩子的真实情况，日常生活中不断提升自己的知识修为，在更高的水平上做父母，引领孩子！

4. 如何恰到好处地与孩子谈早恋

常有读者问,怎么让青少年主动和自己交流呢?

儿子 Timmy 性格和善、心思敏感,不少女孩和 Timmy 是很要好的朋友,每次放学我去学校接他时,常看到他被一群女孩围着说笑。女孩们有了秘密,愿意跟儿子分享,女孩间有了矛盾,儿子常是调解员。

我很想知道儿子有没有心仪的女孩,儿子对在初中谈恋爱怎么看,但我不知道怎么跟他提起更合适。

有一天,我和格兰特妈妈一起吃午饭,格兰特和 Timmy 同岁,各科成绩都非常优秀,人也帅气。说有一次格兰特打冰球伤了胳膊,她每天去学校接儿子要先到教室帮他收拾书包,每次去都看到格兰特的同学埃米在帮助他收拾。埃米是个很乖巧的女孩,对格兰特妈更是夫人长夫人短地叫个不停,这让格兰特妈特别开心,但她注意到格兰特对埃米总是冰冷冷地礼貌性地表达谢意,说谢谢时很少看埃米的眼睛,一点儿表达感谢的真诚都没有。格兰特妈对埃米很是佩服,格兰特这么对待她,她竟然还每天照样帮助格兰特。

这让格兰特妈想起自己在初中时也喜欢过一个男孩,那男孩就像儿子对待埃米一样对待她,看到埃米,这当妈的不自觉地就想起了当年的自己,但她心情很复杂,既不希望儿子初中就恋爱,也不希望儿子对埃米那么冷淡。她告诉儿子对埃米要热情些，格兰特斜了她一眼："你有没有搞错啊？你明明知道埃米喜欢我，为什么还让我对她热情啊？我热情的话，不是给埃米错误的信息吗？她要是认为我也喜欢她，不就麻烦了吗？"

格兰特的顶撞让妈妈明白过来，原来格兰特是在用他的方式保护埃米。

平日里，为了了解孩子的想法，我常会跟他们分享一些我与朋友的聊天，并听听他们的看法。这样的聊天因为不涉及孩子本人，所以他们一般会畅所欲言，我会借着聊天对孩子的成熟度有更深入的了解。

和儿子谈了格兰特的做法后，儿子很是赞同："格兰特这么做挺负责的！"

我忽然意识到也许这是跟儿子聊聊关于初中生恋爱，他是否有女朋友，他什么时候会交女朋友这些话题的好时机。因为不想说得太直接，所以我接着儿子的话茬往深处引："哦，要是有女孩追求你，你又不想和人家约会，你会怎么做啊？"

"哈哈哈，我和格兰特不一样，我的朋友们都知道，我对在初中谈恋爱没什么兴趣，女同学都知道的，所以她们都不来找我约会。"

我一愣，这事他通知了别人，但从没通知过我："真的？那你是怎么想的呢？"

"初中这个年龄谈恋爱，明摆着是没结果的事，我干吗花时间去做没结果的事情呢？"看着振振有词的Timmy，我不禁对他刮目相看。

"丫头们清楚我的态度，轻易不招惹我。我跟丫头们的关系非常纯粹，她们互相也没有吃醋的烦恼，融洽着呢！"

"哦，这样啊？不错不错！那你准备什么时候开始约会呢？"你觉得我这火候掌握得如何？我觉得是时候！

"一定是上大学的时候啊！"Timmy那肯定的语气，听起来真的不像临时有的想法，那是一个人深思熟虑过的肯定，我惊讶于这话是我的小儿子说出来的。

"真的？为什么是大学不是高中的时候呢？如果你高中约会的话，我会支持的！"

儿子一定从我的语速中听出点儿什么，就说："瞧你急的，怎么着？你想让我早点恋爱吗？"

"那倒也不是，我就是想知道你的想法！"

"现在，我们来谈谈我对约会这件事的看法。"儿子还认真起来了，"第一，这约会得花钱吧？我现在赚到的钱太不容易了，不想为没结果的事情花掉；第二，约会得花时间吧？这时间能随便花掉吗？我得把时间用在把自己打造得更有价值的事情上！我的时间太宝贵了，不能为没结果的事情花掉；第三，来到同一所大学的，一定是对这个学校有共识的人，所以找到有共同趣味的人概率就大了很多，因此一定要等到大学的时候再说，对吧？！这第四嘛，与漂亮相比，有智慧的女孩对我的吸引力更大。我要到了大学，才有能力判断出哪个女孩是真正成熟智慧的，以后会是个好妻子、好母亲。"

咱暂且不说14岁儿子的说法是从哪里来的，我啊，听儿子这四条说法的时候，眼睛从眯着到瞪大到再眯起来，几乎是屏住呼吸来听的。

儿子说上大学后再约会，还给了我那么成熟的说法，把时间、金钱、兴趣和标准搞得清清楚楚，我想就算让我给他上一堂关于初中生最好别谈恋爱的课，我应该也没他想得这么全面实在。不过，想到他平时花钱抠门，但并没有把时间看得那么宝贵，我就想笑。无论如何，对儿子的后两个观点，我还真的是佩服呢！

女儿上高中的时候，有个男孩追求她，我也见过那个孩子。女儿希望我同意她开始约会，我当时特高兴女儿没有瞒我，就说："我感觉他是个好孩子，也知道你们在一起你会很开心，因为你每次和他出去后，回来都特别高兴。"

很多父母担心孩子的早恋不仅影响学习，还担心有其他问题出现，与其严厉禁止或者旁敲侧击地暗示孩子要以学习为重，不如先冷静地坐下来，听听孩子对于恋爱的感受和打算是什么。

当时我最想和女儿分享的是跟恋爱跟性有关的知识，我告诉她："从生理上来说，你已经正式步入成年阶段了，但心理和决策能力还远没有跟上。青少年时期大脑的情感部分发育已成熟，可做决定的大脑部分还远不能理智地控制情绪，所以我希望你遇事一定想到自己大脑的还没发育完全，这限制着你的能力，希望你特别注意不能感情用事，也请遇事别对我隐瞒。"女儿高中阶段从没因约会影响成绩和生活。我支持她约会，是我们之间平日的沟通换来的信任。

另外，我告诉女儿，人体内的"下丘脑—脑垂体—性腺"这个主轴系统，在儿童期和青春前期呈静止状态。可一到青春期，因为不同荷尔蒙的协同作用，就开始启动并紧凑地工作。这个工作，不仅让个体在生长、发育、代谢、内分泌以及心理状态各方面都发生显著的变化，同时也开启了对爱情以及性的幻想之门。男性平均每6秒钟想一次做爱，女性平均每21分钟想一次做爱；而大男孩平均每秒钟想一次做爱，大女孩和女人一样，平均每21分钟有一次罗曼蒂克的想法。

还有很重要的一点是，多数情况下，女孩不知道自己的做法对男孩的影响，有时女孩看男孩的眼神，会让男孩误以为女孩想跟他怎么样，比如女孩拥抱男孩时，男孩想的可能是这女孩想要他。女孩的穿着和打扮传递给男孩的信息，很多的时候和女孩真正的想法有很大的区别，因此女孩要十分注意自己传递给男孩怎样的信息。自己要对自己和他人负责，否则即使亲如母亲，最后都无法帮你承担。

好嘛，女儿掌握了这样的知识后，变得理智过头。有一次一个男孩向她表白后，女儿说："我们两个不合适。"男孩使尽浑身解数努力地要说服女儿，最后女儿告诉对方："请知道，你并不爱我，是你的荷尔蒙在作怪！"

人生中有很多的事情，只有在特定的年龄才有，早恋时朦胧的欣赏与爱慕之情都很纯洁，何必横加阻拦？父母应该用科学知识，用孩子能接受的方式正确地指点。假如对孩子约会大吼大叫或疑神疑鬼的话，孩子就会有心理防御，可能会为隐瞒恋情而说谎，相比之下，外面的吸引力反而更大了。"选对象"也是件需要练习的事，我不想阻止。不阻止，不是不关心，不阻止的态度会让孩子遇到疑问时，第一个想到要咨询的人是我。

你会问：中学生谈恋爱能不影响功课吗？当然会。但青春期的爱恋也是人生的一大乐趣，要求这个年龄的孩子把全部的时间都拿去读书，不要对异性有兴趣，这样对孩子就一定好吗？我强烈怀疑。

如果儿子在高中时改变主意想约会的话，我是支持的。很多父母一听孩子早恋就非常的紧张，我有个17岁的学生告诉我，他们学校里男生女生是不能牵手的，否则有可能被开除。把早恋看作洪水猛兽，有时会逼迫孩子走向极端，得不偿失！

感悟

用格兰特的故事引出儿子对谈恋爱的真实想法的过程，让我得到一个启发：很多时候我们认为孩子不跟我们说心里话，其实真正的原因可能不是孩子不想说，而是他们过去和我们说心里话后，没得到理解，反遭抨击而致。在我们想知道孩子心里想什么之前，要为孩子和我们的交流做好准备。通过讲别人的故事听听孩子的看法来了解孩子，不失为一个好办法。

5. 怎样和故意捣蛋的孩子相处

"这样走路是不是显得更自信,更阳光?"夏令营第一天的课上,我会在示范自信走路姿势后这样问学生,得到的答案通常都是"是"!

可这次大家喊了"是"之后,我听到布雷恩喊"不是"!

"布雷恩,你知道答案是什么,为什么要反着说呢?请严肃些!"布雷恩对我的话表现出一脸的不在乎。

布雷恩不但上课回答问题不配合,还会随便走动,想去哪儿就去哪儿。别的学生可能会开小差,布雷恩开的是大差,我制止他,跟他讲道理,可他根本不在乎。

夏令营的第一节课,除了讲课,我说得最多的就是"布雷恩,请马上回到你的座位上!""布雷恩,请别说话!""布雷恩,请看这边!"

上课期间,所有分组活动布雷恩都不参与,还不断地来问我,"老师,什么时候下课啊?""老师,什么时候吃饭啊?"

尽管其他所有学生都很热情投入,但因为布雷恩,我没有任何成就感。

布雷恩的油盐不进,让我很失望。有那么几个瞬间,布雷恩的闹让我开始怀疑我的耐心还有多少,我是否经得起布雷恩的挑战。无奈之下,我想到了那个经典的办法:"布雷恩,你在课堂上总是我行我素不愿意配合，我看有必要让你爸爸知道你在课堂上的细节。"

一直站都不想站直，跟我说话东张西望，什么都无所谓的布雷恩听后，眼神第一次聚焦看着我："老师，我改，别找我爸行吗？"

发现布雷恩怕他爸，你不知道我有多开心，真像是找到了法宝一样。过了一会，大概是因为我放松了些，头脑也清醒了些，才意识到我必须善良地对他，找到和他共赢的方式，我得知道并尽可能满足布雷恩的需求，有了这样的我际关系，我对和布雷恩一起做事充满了信心。

下课后，我让布雷恩来找我，他面对我一个人的时候，有点紧张，低着头不看我。我让他坐在我身边的沙发上，对他说："布雷恩，我需要你的帮助！"布雷恩惊讶又迷惑地抬起头，"我，帮助你？"他指指自己，又指指我。

我点了点头："请告诉我，我怎么做才能帮助你在夏令营有更好的经历呢？"

布雷恩显得有点儿不好意思，摸摸头："嗯，你能让我坐在前排吗？"

"没问题！"

接下来的课堂上，我安排布雷恩坐在前面，情况确实有了好转，他很少随便讲话或随便走动了，不过他仍旧是课堂上最需要管理的一个学生。

我的课堂基本不是我讲课，学生做作业的方式，而是按美国国家训练实验室的研究成果，我给出重点，让学生根据我设计的活动来讲解或者应用，这样学到的东西不容易忘掉。课堂上分组活动特多，布雷恩跟他的组长配合得不好，他希望换到珍妮的小组去，我说那得问问珍妮是否肯接受他。

珍妮14岁，很有耐心，我问她："珍妮，你知道布雷恩吗？"

"知道，就是那个最捣蛋的小男孩！"

"你知道吗，小组长中他最喜欢你，他想加入你的小组……"

没等我把话说完，珍妮就瞪着满是惊恐的大眼睛狠劲摇头，像是看到了什么恐怖的东西要远远躲开，"不要不要不要！"

我告诉珍妮："我很理解你，珍妮，听我说，我看你把小组管理得非常好，我想挑战或者说多锻炼一下你的领导能力。我发现布雷恩这孩子，只要你对他好，满足他的一些要求，他是很配合的，请帮我一下，接受布雷恩到你的小组好吗？"

珍妮犹豫了一会儿，很勉强地说："好，那我试试吧！"

把布雷恩交给珍妮以后，布雷恩就再没有随便在课堂上讲话和走动了，我非常感激珍妮的协助。

第二天布雷恩不再打扰课堂秩序，做事也非常认真，变化实在是惊人。我忍不住开心地问他："布雷恩，现在我当记者，你当明星学生，我采访你，怎么样？"

布雷恩淘气地甩了一下头："好吧！开始！"

"布雷恩同学，请告诉我，是什么让你在课堂上从精力一点都不集中，摇身一变成为明星学生的？"

"嗯，"布雷恩想了想，"也没什么，就是心情好多了！"

朋友们，听好了，布雷恩说的是"心情好多了"，这句话引起了我的高度重视。我肯定布雷恩的好心情和珍妮与他的沟通方式有关，就去问珍妮："珍妮，布雷恩的行为有这么明显的好转和你的恰当领导是分不开的，能跟我说说你是怎么和布雷恩一起做事的吗？"

珍妮有点不好意思地笑了，她说："我和布雷恩讲话时，总是跟他好好说，从不批评他。他闹的时候，我很友好地问他想做什么，然后我保证等他把手中的事情做好，就让他做自己想做的。我跟他解释这是团队合作，不单纯是他自己的事情，如果他配合并快点把事情做好的话，就有更多时间去玩。解释完，我都会拍拍他，他就听话了。"

啊哈，原来珍妮是这样营造布雷恩好心情的，奖励布雷恩的进步，布雷恩要是捣乱的话就拍拍他来提醒一下。想想看，布雷恩捣乱时，我会制止他，珍妮会拍拍他，你说哪种方式会给布雷恩好心情呢？布雷恩会愿意听谁的呢？这里我想问，当你发现孩子溜号走神的时候，你是怎么做的呢？

珍妮把和布雷恩的关系放在了第一位，布雷恩知道珍妮不烦他，还关心他，所以心情会好，珍妮说的话他自然就听得进去了。

到了第三天，布雷恩简直就是班里的优秀学生了，做事认真迅速不嚷嚷，不溜号不走神，说什么都想不到他会全神贯注地写文章，当大多数同学还没完成任务时，布雷恩早早就高质量地做完了。每当这时候，珍妮都让布雷恩玩一会儿。

珍妮找到了让布雷恩配合的方法，我也尽力帮助布雷恩保持好心情，拿出的杀手锏是："布雷恩，谢谢你创作了这么高质量的文章。你这么认真努力地学习，我会把你的表现告诉你爸爸。"布雷恩眯起眼睛，笑得好开心，也越发努力了。

后来我们练习演说，布雷恩最早背下稿子，主动请珍妮为他指导，再找其他助教帮他练习声音和肢体语言，他说来找我练习之前先和其他人练习好，懂事吧？

他多次找我看他的演说，让我吃惊的是他跟我练过后不一会儿又来找我看看他改正的怎么样，有时我不得不告诉布雷恩："你要是想让我帮助的话，请到后边排队好吗？"布雷恩二话不说就去队尾排队。

布雷恩这么认真努力，和他在课堂上有一项特权也有关。我跟他约定，如果他作业完成得好就给他在教室里玩的特权。上课的教室有一块大幕布，幕布后有一小块空地还算干净，地上有很多零散的扑克牌、笔、硬币等，布雷恩常常自己在幕布后面玩得不亦乐乎，他还时常让我看他淘到的宝贝。

结营开始前，我让布雷恩请他爸爸来见我，爸爸太清楚儿子了，见到我开口就是："老师，布雷恩是不是给您添了很多麻烦？"

"我对布雷恩有个承诺，现在我要兑现！"我把布雷恩拉到我的身边。

"承诺？"布雷恩爸有些困惑。

"布雷恩非常配合他的组长、助教和我的工作，自己的事情也都能做到他的最好！我非常感激他的努力，我承诺过他，向你汇报他的表现！"

"这几天我的心一直悬着，怕他给您惹麻烦，没想到他变化这么大！

太好了！"布雷恩爸内心的满意都挂在了脸上。

夏令营结束后，我一直在想：从布雷恩的变化中，我应该得到怎样的启发？

他闹的时候可能就是需要疼爱和关注的时候，一旦需求得到了满足，用布雷恩的话说："心情好了，他就好了。"

我一开始用老师的权威严厉地强调课堂纪律，结果越强调布雷恩的表现越糟糕。当我和珍妮不再义正词严地用纪律去压他，而是用心照顾他的心情和需求，布雷恩合作的心门就打开了，就自觉地遵守纪律了。其实当我们说孩子不听话的时候，很可能是我们根本不知道孩子要的是什么。

尽管让布雷恩遵守课堂纪律是对的事情，但是跟孩子要讲究方法。纪律规则是些硬东西，孩子闹的表现是硬的，用纪律整治孩子的闹，硬硬相碰很多时候会两败俱伤。平和良善是人内心中最软的东西，多是闹的孩子最需要的，因为平和带给孩子的是安全感，是好心情，好心情让孩子做好的决定，从而有好的结果。

感悟

亲其师而信其道，亲在最前面！亲在，情就在；情在，信任就在。有了信任，就有了配合！我们做父母老师的，在孩子出现问题的时候，先把原则和道理收起来，看看这孩子内心需要的是什么，想办法去满足孩子的内心需求，孩子心情好了，自然会遵守纪律！你可以只问孩子一句话："请告诉我，我能为你做点什么？

6. 孩子不跟人打招呼就是没礼貌吗

如果一个小孩跟我们打招呼的话,无论我们心情如何,都会微笑着接受问候,并夸孩子礼貌懂事,赞父母教子有方,对吧?那场面叫和谐,三方都开心!可是,有的孩子无论父母怎么要求,就是不跟人打招呼,结果父母责怪孩子不礼貌,弄得那场面叫尴尬,三方都难堪,是吧?

我女儿天和小时候,让她跟人打招呼,她总是不肯。她不肯我就觉得特没面子,就会当着别人的面要求她:"快叫阿姨,快叫啊!"我越说她越往我身后躲。我一边使劲把她往外拉她,一边说她:"这孩子,怎么这么不懂礼貌?!"不管我多急,天和对这件关乎她有没有礼貌,我有没有面子的大事毫不在意。

天和不打招呼我就给自己解围,说辞一般是:"不好意思,这孩子外人面前总是害羞。"

这下好了,天和没记住要和人打招呼,倒是记住自己是个害羞的人了。以后我让她打招呼,她便说:"我害羞!"别提了,真是丢人现眼啊。

有次出门前,我严肃地近乎威胁地通知天和:"我要去中国店哈,如果你答应跟人打招呼,我就带你去,不然,你就待在家里。"天和保证一定跟人打招呼。

到了店里,遇上当地人史蒂文,天和热情地问候,我暗自得意我的威胁还挺灵。可是过了没一小会，又遇到一个华人朋友，天和就没打招呼。

这让我想起我一个华人朋友的儿子，喜欢美国人不喜欢华人，想到这儿我有点儿紧张，怎么这个小毛丫头还有种族歧视不成？

我平静了一下，试探着问天和："你刚刚和史蒂文打招呼做得不错啊，为什么跟我的华人朋友就不招呼了呢？"

"我和史蒂文用英文说话，没语言障碍，可我中文不够用，万一你华人朋友多问我几句，我担心答不上来。"

我的天哪，好悬，我差点给天和扣了种族歧视的帽子。

知道原因后，我和天和商量："你和我的熟人只说'你好'就行了。接下来我会见机行事，不让你尴尬，你看怎么样？"

天和很高兴地答应了。再见到我的熟人时，天和终于痛快地跟人打招呼了。那天运气不错，遇上个很会说话的人，她对天和小小年纪懂礼貌好一顿夸。我也买了大白兔奶糖奖励天和。

后来，天和遇到老美会握手，遇到华人会热情地打招呼，落落大方。打招呼这件事看起来过关了，不再是个问题了。

可有一天遇到一个熟人，天和没招呼，我也没提示她，我想天和一定有她不打招呼的原因。那人走后，我好奇地问她："哎，你一向热情地跟人打招呼，今天是怎么回事？"天和说："我尝试着去打招呼，可人家一直都没看我一眼。"

"噢！是我的疏忽，下次我一定先介绍你，好吧？"

你看，这孩子不打招呼的理由会受各种客观因素的影响而不一样，需要我们心平气和地引领加密切配合。但是，孩子不打招呼与是否礼貌根本就不挂钩，对吧？

再说我儿子 Timmy，这小子在打招呼方面从来不需要提醒，可他招呼人的时候总是一张扑克脸，看起来有带引号的"没礼貌"的之嫌，为了让 Timmy 打招呼时热情些，我跟他讲了我的一个经历。

有天早晨，我在公园跑步，前后遇到两位先生，他们和我打招呼的方式很不一样。

第一位戴眼镜的先生,迎面走过来的时候看了我一眼,右嘴角向上挑了一下,算是跟我打招呼了。我也看了他一眼,挑了一下嘴角,算是回应了他。

大约10分钟过后,遇到了另一位先生,他正坐在割草机上割草,看到我,他停下机器,笑容可掬地问候道:"早上好!"我发现自己不再是只挑一下嘴角,而是满脸笑容地招呼他。

你看戴眼镜的先生和割草的先生跟我打招呼时,脸部动用的部位有很大的不同,戴眼镜的先生只挑了嘴角,脸上其他部位没什么动作,好像这跟人打招呼只是嘴角的任务。墨西哥人笑的时候,动用了面部四十几块肌肉,抬头纹都开了,看起来灿烂阳光。

Timmy听后活动着脸部肌肉开玩笑说:"以后再和人招呼,得让脸跟着运动运动了!"

"真的?太好了,一会儿咱俩就去公园做个试验,你就当玩游戏,怎么样?"

"什么试验?"Timmy一下来了兴趣。

"咱俩见到人都热情洋溢地打招呼,然后看看对方的反应怎样?你看哈,别人参与了咱俩的游戏,却不知身在其中。嘘,好玩吧?"

Timmy一听这游戏挺神秘的,好!

那天最先遇到的是两位女士,我们满面笑容打招呼后,对方也是一脸灿烂地回应。Timmy很有把握地说:"我知道了,所有的人都会用笑脸来回应我们的。"

Timmy话音落下时我俩正经过一个拐弯处,在那儿遇上一位先生。我和Timmy满面春风地和他打招呼,那先生跟我们想象得太不一样了,连嘴角都没动。

Timmy有些失望,不过并没影响他的游戏心态。再见到人,他依旧满面笑容打招呼,看到的也都是非常友善的面容。

Timmy终于明白他对别人笑脸相待,大多数人也会给他同样的表情。

感谢那个不热情的人，让 Timmy 也体会了一把面无表情的招呼给对方的感觉是怎样的。

试验后，我和 Timmy 分享了一点科学信息：人的微笑不仅给他人愉快的感觉，也会调节自己的心情。心理学告诉我们，人在不开心的情况下，假装做出开心的表情，大概七分钟左右会感觉高兴一些。我自己做过尝试，很有效果。不过，不开心时，装开心特难，一旦做到，就有奇效！

Timmy 来了句："豁出去了，笑！"

Timmy 后来再和人招呼时，会有意识地把笑容挂在脸上，慢慢地他跟人打招呼的样儿，看起来越发有礼貌、有家教了。

跟人打招呼，和吃饭骑车一样，是一个人必备的基本能力，需要父母引路，跟孩子是否有礼貌没多大关系，千万别把两者轻易地扯在一起。

感悟

注意以下几点，帮助你更好地教导孩子与他人打招呼。

1. 孩子不打招呼，不是没礼貌，别强迫孩子；
2. 了解孩子不打招呼的真正原因；
3. 跟孩子用游戏、演习的方式来练习打招呼，必要时配合孩子。

7. 16岁女孩和网友见面，都是孩子的错吗

丽微： 前几天我看见女儿左脸和脖子交接的地方有块红印，我问她怎么回事，她说和朋友玩的时候被夹的。可昨天老师却专门给我打电话说，那印子是一个男孩给吸的。老师很火大，因为女儿也和老师撒了同样的谎。我们两口子真急眼了，让她跪下从头说。她说是微信上认识的，就上周见过一面，男孩要亲她，她捂住了男孩的嘴，男孩就朝脖子去了。她爸一听，上去就一耳光："你给我走，我不要你了。"女儿吓坏了，说她错了，以后不敢了，一定好好学习。可她现在撒谎连眼睛都不眨一下。这孩子是被我训大的，感受不到母爱，别人对她稍微好点，她就不知怎样回报。我感到危机了，我害怕了，我该怎么办呀？

画云： 为什么女儿和男孩谈朋友，让你和先生着急到这样的程度？

丽微： 我们感到很丢人，觉得孩子受欺负了。

画云： 我倒觉得你和先生应该感激女儿。

丽微（大吃一惊）： 感激？这怎么讲？

画云： 孩子应该没料到男孩会亲她，但她下意识去捂住男孩的嘴，是她自身的品质决定的。这是不好情境下的最好情况，不是吗？你该庆幸这个情窦初开的少女没感情用事，避免了你不想看到的事情发生，对不对？你有没有想过他们要是真的亲了呢？真的做了你不希望发生的事情

呢？所以要感激孩子关键时刻的成熟表现。

丽微：我们没这样想过。您的话是我这几天来听到的唯一宽心的话，感觉可以正常呼吸了。

我和丽微分享了我际关系的概念，帮助她理解她对事情的不同解释，会带给她不同的感觉和不同的我际关系，从而影响她重新看待这件事情。

事件：女儿被男孩强吻	
消极的我际关系	积极的我际关系
解释：丢人现眼，吃亏上当	解释：孩子关键时刻非常理智
感觉：失望，崩溃	感觉：宽心

画云：我们再来说孩子撒谎的事。女儿清楚这件事在你和她爸爸眼中是奇耻大辱，不可原谅的，她怎么会跟你们说真话呢？不撒谎那是傻子。孩子没说真话多是你造成的。

事件：女儿被男孩强吻后对父母撒谎
女儿的我际关系
解释：爸妈会认为我做了见不得人的事情，会严重地惩罚我
感觉：崩溃，恐惧
行动：编造谎话，蒙混过关
结果：老师、家长一开始都相信了

丽微：是这个道理，我现在知道了。老师，我怕了。
画云：孩子不跟你说真话，你能有的放矢地帮孩子吗？
丽微：不能。

画云：该怎样和女儿谈交男朋友的事情呢？就跟男性接触，你可以尝试跟女儿谈这么几方面。

1. 感激她做了对的事情，男孩亲她，她知道去捂他的嘴。这一点把握得好，妈妈很开心。

2. 解释爸妈的反应，女孩喜欢浪漫，男孩因为生理原因喜欢亲热。这样的差异会使得女孩以为浪漫的事情，可能在男孩那里变质了。妈妈相信你，但不相信那个男孩。爸妈反应那么大，是因为我们太爱你了，万一男孩没住手，妈妈不敢想象会发生什么事，好后怕。妈妈害怕是根本反应，生气是因为太害怕产生的第二反应，害怕是因为爱你。

3. 跟爸妈一定要说真话，不然爸妈和老师会非常失望和愤怒，之后可能会因为这样的情绪伤害到你。我现在知道，你不说实话，其实我的责任最大。以后只要你说实话，妈妈保证不对你不生气，和你一起想办法。

4. 问问女儿跟男孩交朋友，底线在哪里？而不是告诉孩子，不许做这做那，一刀切。青春期孩子的很多行为是受荷尔蒙支配的。

5. 让孩子来定义什么是健康的男孩女孩关系。和男孩在一起，哪些事是可以做的，哪些事是绝对不能触碰的。

6. 跟孩子约法三章，比如不和任何男孩单独相处，要是想和喜欢的男孩出去玩，就约几个男女同学一起等，问孩子怎么看，还有什么好主意。

一旦孩子和你分享过她的交往底线、她对健康关系的认知，你们共同制定约法三章，之后她的潜意识中就有了相关概念，在她需要的时候你们曾经的这些交流会助她一臂之力。科学研究已经证实，大脑做决定时会先在记忆库中寻找相关的信息，因此和孩子进行相关的谈话是非常必要的。

再有，要重视平时跟孩子的交流，等到有重要事情需要沟通时会更顺畅。和孩子的日常交流请注意：

1. 感谢孩子的坦诚。平时孩子跟你交心的时候，一定要感谢孩子的信任。因为一旦孩子愿意告诉你她生活中的细节，你就能实实在在地了解并帮助她。面对他人的甜言蜜语时，一个跟父母关系好的女孩受到的诱感要相对小一些。

2. 要尊重孩子，对他们有礼貌。我们的传统文化中强调孩子要对大人讲礼貌，但大人跟孩子说话时却多是命令或简单地通知，很少会考虑自己的方式是否礼貌以及孩子的感受。孩子的自我价值很大程度上体现在父母对她的尊重上，因此要礼貌地待孩子。

3. 少鞭策，多鼓励。很多父母常拿孩子曾经做错的事情鞭策孩子，其实这样做更容易引发孩子的负罪感。相反，多提孩子的成就，会让孩子有价值感。

4. 用正确的表达方式，让孩子知错能改。"你就是不听话！现在知道错了，早干什么去了？活该！现在不改，下次会更惨！"这是很多家长习惯的说话方式，而这种方式只会让孩子对父母心怀怨恨，失去了反思改正的空间。"你是不是非常难受，妈妈也不愿意你有这样的感觉，咱们以后再也不让自己有这样的感受了。"这种说话方式，强调了孩子的感受，让她在体会到父母爱的同时，产生改正的愿望。

除此之外，跟孩子沟通交流的时候，别想到什么就说什么。最好和孩子约时间谈。举个例子：

有一次在外地，导航把我们的车引到了一条狭窄的小道上，我急着找路，儿子一直戴着耳机听音乐，没注意我在做什么。后来他发现手机要没电了，就要求去买充电器。我当时很平静地告诉他："我这会儿很着急，现在不是谈这件事情的最佳时间。"等我找到路的时候，发现儿子睡着了。

两天后，我约他谈这件事，这时候大家都很平静，也能给对方100%的注意力，我很认真地告诉儿子："别人很忙的时候，你让别人帮助你，不管对方是父母还是老师，你会变成一个不受欢迎的人，对吗？"

这就避免了因找路着急可能会爆发的坏脾气而引起不愉快。我希望儿子以后注意的事情，在我生气的时候说，他可能压根就听不进去，但在平静的时候说，他会认真对待。

跟孩子讲你希望他改正的事情时，一定是你平静的时候。因为生气时说出的话一般都很难听，孩子是不会听的，还会惹得你更生气，进而形成恶性循环。所以一定要找你说了就有效果的时候再说。

接下来，你该怎样和老师沟通呢？你打算跟老师聊的内容都要让孩子知道，告诉孩子你跟老师交流的任何事情都是从孩子的利益出发，跟老师讲的话都是经她同意的，保证给足孩子面子，让她没有后顾之忧。问问孩子，她希望你告诉老师什么，这样的交流其实也是在教孩子处理事情。

在跟老师聊的时候有这样几点你最好做好准备：

1. 提前跟老师约定时间。

2. 从跟老师聊的角度汇报你们家长都做了什么，希望得到老师的指点。

3. 反思检讨自己，发脾气、打骂孩子、发号施令都解决不了根本的问题。解决问题的人是孩子，我们需要想办法来帮助孩子，也需要她帮助自己。

4. 对孩子撒谎的重新认识。孩子撒谎，是我们平时在她出错时，粗暴的交流方式造成的，我们责任更大。

5. 我们欣慰的是把那些老师没意识到的或者老师不知道的事情放在老师的头脑中，希望老师和你一样感恩孩子的一些作为：

a. 孩子没说真话，但没对别人撒慌坑别人，损害的只是她自己

b. 跟孩子道歉我们对待她的方式后，孩子跟我们说了整个事情的经过

c. 孩子捂住对方的嘴，我们后怕的同时，庆幸孩子关键时的自律和勇敢

6. 我们和她一起定义男孩女孩的健康关系是怎样的，跟男孩接触的底线是什么。

7. 大人孩子的约法三章

8. 孩子对赞扬很敏感，老师的表扬对孩子的影响比我们大很多倍，在孩子改正的过程中，我们需要老师的支持。请老师在周末给我分享一下孩子有哪些进步，有什么需要改进的。我告诉孩子你表扬的部分，改进的部分，我会通过别的方式提醒孩子注意，但不说是你说的，老师你看

这样可以吗？

跟老师沟通时，一定把孩子的切身利益放在首位，说跟孩子商定好的话。这样做，才有可能达到老师、家长、孩子共赢的目的。

感悟

用我际关系的表格来总结：

事件：孩子被网友亲	
消极的我际关系	积极的我际关系
解释：丢人现眼，吃亏上当	解释：孩子关键时刻非常理智
感觉：失望，崩溃	感觉：宽心
行动：打，骂	行动：有效地想办法，向专家请教，和孩子先沟通，然后在保证孩子最大利益的基础上和老师交流。
结果：孩子仍旧不懂怎么面对同样的事情，对老师家长和自己失望。	结果：孩子感到受尊重，老师更积极主动地帮孩子，家长和孩子的关系更亲密！

第 2 章

经常受鼓励的孩子更自觉

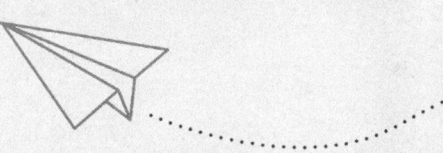

1. 妈妈的情绪如何影响孩子的学习成绩

央视《华人故事：一位化学博士的家教观》播出后，很多家长来信咨询。一位"绝望"的妈妈维凯和她的故事让我念念不忘。

"我儿子8岁，今天我翻他的书包，发现他给我看的卷子都是成绩好的，不好的都藏起来了。"

维凯是一位单亲妈妈，看到孩子这样，她觉得肺都要气炸了，更让她生气的是，每次她教育儿子，她自己的妈妈就会在旁边说："不怪孩子，就怪你。"

维凯很心碎，觉得自己是一个失败的妈妈、失败的女儿。

我没安慰维凯，而是回复道："好聪明的孩子！"

维凯非常惊讶，立刻反问我为什么这么说。

"儿子才二年级，能这么做，多聪明啊！还有，请别定义儿子的行为是欺骗！"我开始对维凯"说教"。

"其实他不是想骗你，只是不想把自己不好的一面展现出来让你骂。如果我是你，我看到书包里的卷子分数差别那么大，可儿子只给我看了分数比较高的，我会先就他分数高的卷子夸奖他做得好。至于分数低的卷子，我会告诉儿子，'我知道你不想让妈妈伤心生气，所以没给我看。但是希望你相信，在这个世界上，妈妈最爱你，最愿意帮助你，所以不要害怕.'这样会给孩子更多安全感。

"之后可以跟孩子一起分析一下试卷,看他是马虎丢的分还是不会做丢的分。这一切都是可以心平气和来做的,不需要生气。

"我承认,虽然我说你的时候听起来很冷静,其实我女儿小的时候,我一样做不到冷静。我儿子比女儿小9岁,等养育儿子的时候我已经完全能做到了。既然你看过我的书,我建议你再仔细看一看,因为我这样简单扼要地说,可能不是很容易理解。

"现在我能做到遇事不对儿子发火,是因为我有了和女儿发火没用的经历之后,彻底改变了自己的心态。如今,不管儿子做什么,我都没脾气。如果儿子跟我撒谎,我不再把这件事看作是他骗我,而是我做母亲的失职,我和儿子的关系需要改善。"

我这样说之后,维凯仍旧在强调:"对于一个二年级的学生,他考五六十分,这一定是全年级的最低分数,我看到他这样的成绩都要疯了。他原来的成绩挺好的,现在怎么会这样啊?我非常着急,接触您之前,我看过很多亲子家教书,看了很多案例分析,也看了很多其他方面的书来提高素质,因为我知道好妈妈应该是榜样,不应该是保姆。我一直权衡自己的精力分配,单身妈妈很不容易,很累的,我不知道儿子是怎么想的,我走不进他的世界,有什么途径能让我进入他的世界吗?他为什么不跟我说实话?我真是快急死了。"

你可以看到维凯仍旧坚持是孩子的问题。

我回复她:"我是一个非常直接的人,我问你,看到他的考卷,看到他有点儿隐藏,你就大发脾气,他怎么敢跟你说实话呢?他不说实话,你又怎能走进他的世界呢?如果你看到他得了50分,就握着他的双手,看着他的眼睛跟他说,'妈妈很理解你,你这次考的分数低,一定害怕妈妈失望发火。对不起,是妈妈让你害怕了。'如果你能这样做,那一定会给孩子安全感,孩子感觉安全了,才会和你讲实话,你也就容易走进孩子的心里了。我认为看书不是简单的学会一些方法,重要的是理解思维方式。"

这次聊天,维凯最后给我的反馈是:"感谢上苍让我在这个时候认识了您！其实孩子有问题，家长也一定有问题，家长更应该思考。我这些年都很不快乐，所以孩子才会这样，我要找自己身上的问题，让自己先快乐起来，孩子才能快乐起来，我想我找到问题的根源了，谢谢您！"

最后，我又给了她一些建议："你一定要记住，你是一个非常好的妈妈，这是我说的，是我让你记住的。我和两个孩子相处最重要的收获就是，只要和孩子搞好关系，什么事情都好解决！你在孩子身上这么花力气，你和孩子一定会有很好的关系的，你的孩子以后会感激你的！"

一天之后，维凯再次给我发来信息。

"画云老师，我今天跟儿子道歉并谈心了，儿子深受震撼。听到我的道歉，他那吃惊的眼神里开始有怀疑，最后是纯粹的信任。我们达成了一个秘密协议：不管他犯多大的错误，我都不对他大吼大叫，保持心态平和。他说：'妈妈，我保证今后对你诚实，不管什么事情都跟你分享。'我们拉钩的那一瞬间，我对您心怀感恩！

"这么多年来，我从没有得到过肯定。儿子有些自闭，婆家把责任全推到我身上，没有安慰，没有分担，您是第一个肯定我的人，我第一次感受到被人肯定的感觉。今天让儿子做了两张试卷，他很开心，每张都是 90 分以上。我不再担心他的期末成绩了，也不用给他请家教了，他今天表现非常好，这就是肯定的力量！感恩遇见您！"

我激动地回复她："当肯定你的人是你自己时，你就会快乐起来的！"

事件：孩子不说实话	
咨询前	咨询后
解释：孩子撒谎	解释：孩子不想让我伤心难过
感觉：失败、崩溃	感觉：反思、有希望
行动：跟孩子发脾气，自怨自艾	行动：跟孩子道歉，真诚沟通
结果：于事无补，疏远了亲子关系	结果：经过不懈的努力，孩子以诚相待

很多父母对分数的重视程度远远超过亲子关系，但亲子关系切实影响孩子的成绩。我坚信：如果父母把和孩子的关系放到第一位的话，一切问题都会迎刃而解。我建议：在你为孩子的分数犯愁，为孩子的谎言懊恼，在你决定给孩子找课外辅导老师之前，请先问一下自己你和孩子的关系是否需要改善？如何改善？

感悟

孩子和成人一样，心情愉快时，会努力做不感兴趣但必须得做的事情；不开心时，原来喜欢做的事情都没心思做，更别提做自己不擅长不感兴趣的事情了。为了孩子的好情绪、诚实品质以及自主学习的能力，搞好亲子关系十分必要。亲子关系对孩子成绩和品格的影响程度，远超我们的想象！

2. 从小培养儿子将来做个好丈夫

儿子 Timmy 还小的时候，我和女儿曾讨论过，Timmy 终将成为别人的丈夫，我们要为这个必然的未来做好准备，帮助他成为一个好伴侣。

培养 Timmy 做个好丈夫，不是等他结婚了或者有女朋友后再培养，这样的事情是要从小做起的。

儿子大概四五岁的时候，说他这辈子最爱的女人就是姐姐和妈妈。

我说："等你长大了，你会有自己的妻子、孩子，你会非常爱他们的！"

"我想我最爱的还是你和姐姐！"儿子不容置疑地回道。

听到儿子的话，我觉得有必要让他从小就知道，有些事情他会面临两难的选择，这样的情况下我希望他怎么做。于是我对他说："以后你有了妻子，如果我和她在某些事情上有不同的意见，或者你无法顾及两方面的时候，我希望你站在你妻子那一面。"

Timmy 不太明白我的意思，但还是坚持不管发生什么事，他都要护着妈妈。

现在，Timmy 已经是个大小伙子了，我在日常生活中更是全力为他将来做个好丈夫在做准备。

有天早晨，他感到累，不想起床。好不容易起来后，双手放在口袋里慢腾腾地挪着脚步，我一看离上学的时间不到20分钟了就开始着急："你看看几点了？怎么还不慌不忙的呢？"

"昨晚睡得太晚，好累啊！"儿子语气平静。对了，儿子在我犯急时很少跟我急。

我当时在洗碗，没想到一个拥抱从后面过来！

儿子高出我整整一头，在我头顶上吻了一下说："谢谢妈妈的豆沙饼，真好吃！"

我心头刚要点燃的火苗一下子就被熄灭了，换来的是满心的温暖和母爱。

上学的路上，我告诉儿子："今天我生气，你没跟我一般见识，还拥抱了我，真好。以后你妻子要是有什么事情跟你不愉快了，你也不要跟人家发火，找个理由拥抱她一下，她就好了。这事我相信你一定能做好！"

儿子听惯了我这样说，"哎呀"一声，笑着进入他"上学路上眯一会儿"的常规。

我喜欢儿子的拥抱，也喜欢他生活中和我说的最多的一句话："I love you too！"

我曾和朋友分享儿子的这句话，朋友问："看来你跟儿子说的最多的一定是I love you，对吗？"

我给朋友讲了一个Timmy跟我说"I love you too"的例子。

Timmy有时饭后忘记洗自己的碗筷，我会提醒："哎，忘记洗自己的碗筷了！"儿子会温和地看看满脸严肃的我说："I love you too！"

儿子基本上是用"I love you too！"来反馈我对他的要求。比如他有时好几天没收拾书桌，桌上已经攒了不少空水瓶子。我会唠叨："好多个水瓶子在桌上，你计划什么时候收拾呢？"

我这样说的时候，声音应该是不怎么悦耳的，对吧？

儿子有时会说："马上弄！"有时会说："给我一点儿时间！"大多数

时候，一边扔水瓶，一边望着我，和气地说："I love you too！"

这个"I love you too！"不但给儿子减少了听我埋怨的可能性，还积极地改善着亲子间的感觉。有谁会讨厌一个对自己说"I love you too"的孩子呢？

这个"I love you too！"神奇地让一些可能发展成争吵的事情得到缓解。你一定也猜到了，我会跟儿子强调："以后和妻子有争执的时候，别忘了'I love you too'这副灵丹妙药！"没错！

儿子喜欢拥抱，会说"I love you too"，还非常幽默。

有一次他把自己辛辛苦苦画了好几天的一幅画忘在校车上了，等他要接着画来完成艺术作业时，发现画不见了。还好他同学 Angela 看到帮他收起来了。我开车带 Timmy 去 Angela 家取画时，随口问了一句："儿子，我就不明白了，这么重要的东西，你怎么会忘在车上呢？"

儿子看着我，轻松地说："这有什么难的？容易！"逗得我哈哈大笑！

儿子的幽默是随时随地的，他是最会逗我笑的人。

我笑后，常会说："哪个有福气的女孩会成为你的妻子呢？"

儿子还是个非常敏感的人。

他的一个女同学萨拉曾和一个男孩 A 非常好，最后发展成男女朋友。一次 A 绘画得奖，约萨拉去公园庆祝一下，可正赶上萨拉生理期不舒服，就没去陪 A。这件事让 A 很恼火，因为绘画得奖一直是 A 的追求，A 认为萨拉根本就不在意他，为这件事 A 和萨拉分手了。

萨拉虽然难过，但对 A 这样任性的人，很快就不再伤心了。

过了没多久，男孩 B 开始追求萨拉，慢慢地萨拉和 B 好起来，当 B 发现萨拉对他很投入后，跟萨拉提出分手，理由是："你曾伤害过我的发小 A，我找你做女朋友，只有一个目的，就是想伤害你，为我发小出口气！"

萨拉告诉 Timmy，她忍受不了这样的痛苦。

Timmy 放学后，一到家就递给我一个小单子，上面是不同巧克力牌子和零食名称。

"给我这个干吗？"

Timmy 讲了萨拉的故事后说："萨拉是我朋友，我想帮助她好过点儿，你能帮我去买这些她爱吃的东西吗？她不再相信感情了，不再相信别人，我要她知道我在意她，她的朋友都在意她，我和萨拉其他几个朋友都在想为萨拉做点事。"

看着那张单子，我竟觉得这比儿子给我看他数学得了 100 分的卷子还让我珍惜！

儿子知道我特珍惜时间，所以从不轻易让我出去买东西。那天他很坚定要我帮他，我二话没说就答应了。给萨拉买零食的时候，我心中充满了温暖和爱！

那时 Timmy 刚好和萨拉一起做一个小组课题。当天晚上 Timmy 除了继续开导萨拉，还告诉萨拉不用惦记课题的事情，Timmy 将尽力独自完成。

Timmy 说第二天他把零食"礼物"送给萨拉时，萨拉很感动！

儿子幽默，在矛盾面前会讲话、会拥抱，对朋友细致体贴，我在赞美他的这些做法的同时，一定会说："你的妻子是个有福的人！"

美国有这样的说法："Happy Wife，Happy Life"（快乐的妻子，快乐的生活），快乐的女人带给一个家庭更快乐的生活。

让伴侣快乐这事，可在孩子们很小的时候就开始培养。父母都希望孩子拥有快乐幸福的人生，那就要从小培养孩子当个好配偶。

感悟

当孩子能够妥当地处理不同关系中的摩擦时；当孩子能敏感地捕捉到他人的需求，力所能及地提供帮助时；当遇到棘手问题还能保持幽默时，请父母一定及时赞美孩子的优秀品质。这样，我们会在不知不觉中，为未来的媳妇培养一个好丈夫，为未来的女婿培养一个好妻子。

3. 如何让孩子更有自主学习力

"快快快，你们赶紧看这个录像！快点儿，你，别写了！你，别吃了！赶紧看这个视频！"丈夫急匆匆地来到餐桌旁，边走边强烈地呼吁着。说实在的，看到他这个慢性子这样催促别人还真是少见。

当时我正在写文章，深陷思考之中，儿子正在细细品味他刚刚烤好的煎饼。我们娘俩都告诉丈夫，我们过会儿一定看，但不是马上看。

丈夫急于让我们了解科研信息，语气坚定地要求我们马上停下手中的事情。

丈夫是科学家，糖尿病是他的研究方向之一，录像是关于果糖和葡萄糖的区别，以及果糖对糖尿病人的影响的。我血糖不稳，因此儿子对糖尿病的话题一直很关注。

儿子见爸爸一副我们不看他誓不罢休的样子，便非常平静地说："如果我告诉你葡萄糖与果糖的区别，你能让我静静地享受我的煎饼吗？"

丈夫点头后，儿子说："果糖和葡萄糖结构不同，因此在体内的代谢机理不同。葡萄糖是人体能量必需的原料，果糖不是。葡萄糖通过肌肉、肝脏、心脏、脑、肾来代谢，果糖只能通过肝脏代谢。健康人体内有严格的机制调控血液中葡萄糖的量，人体对葡萄糖的浓度变化很敏感，但人体对果糖的变化非常不敏感。果糖甜度高、口感好、饱足感低，人们容易过量摄入。果糖经肝脏代谢后会产生低密度脂质体，引起多种代谢疾病，是血管硬化、心脏病、糖尿病的一大祸源。"

丈夫眼睛越瞪越大，我的眼睛越眯越小，我俩都非常意外14岁的儿子懂得那么多。丈夫吃惊后，没忘记自己是科学家："儿子，你已经说出了这个视频80%的内容。现在我再问你一个问题，答对了，这视频就不用看了。"

儿子抬起下巴，给了丈夫一个"试试吧"的眼神。丈夫问："你知道水果中含有很多果糖吗？"

丈夫话音刚落，儿子立刻回道："当然，比如甘蔗，果糖含量极高，但因甘蔗含有很高的纤维质，对身体的伤害并不是很大；而糖浆里的果糖没任何纤维质，才是产生顽疾的东西。"

儿子一讲完，丈夫和我都跟儿子击掌，对他表示赞赏，儿子的眼睛里因骄傲放出的那种光彩，不是给吃几颗巧克力能比的。再看看丈夫，眼神里充满了惊喜、佩服和骄傲。

那个时刻，我明白了一件事，丈夫那么急切地想让我和儿子看视频，是他认定我和儿子没有相关方面的知识。因此，才在儿子讲出道道后，那么意外和骄傲。

反观自己，我也常常把孩子和学生当成"一页白纸"！作为妈妈和老师，我以为自己的知识比孩子学生渊博，生活经验比他们丰富，孩子们太小不懂什么，于是我会因为爱孩子爱学生，急于给他们我认为他们缺少的东西，很少意识到，我的孩子学生其实懂很多我不懂的东西。

这样的反思让我进入了科学家问问题的思维模式，我问自己：我怎样利用这件事帮助儿子更自信，帮助他对自己有更积极的认知，帮助他明白他有本事教我知识呢？

带着这个问题，我热情又谦虚地请教儿子："关于纤维对糖尿病的影响，你是不是还知道很多我不懂的，我好想听呢！"我真诚地邀请儿子展示一下他在这方面的实力。

儿子第一次听到妈妈说这样的话，明显地兴奋起来："膳食纤维分不可溶性和可溶性。不可溶性纤维能够阻止2型糖尿病，可溶性纤维能帮助减缓血液中糖的吸收，从而帮助糖尿病人控制血糖。高纤维的蔬菜包括抱子甘蓝、菠菜、鹰嘴豆、利马豆等等。还有就是吃蔬菜时，能生吃一定生吃或者简单地蒸一下，因为经过处理的蔬菜比生吃更容易提高血液的含糖量。"

儿子神侃的时候，我除了惊讶他的知识积累外，印象最深刻的是他说话时流露出的神态，那是一个心里充满着爱和自豪的人的神情：放松、自由、自信！

分享结束时，14岁的儿子提议，与其说提议不如说请求："我们每天都安排10分钟的时间，来分享每个人新掌握的知识和对某些事情的看法好吗？"

那是儿子成长过程中，一个特别美好的请求！

过了几天，我又问儿子："你一定还有很多你懂我不懂的事情，再分享些嘛！"儿子说他们的历史课在学习关于肯尼迪总统遇刺这一历史悬案，他们小组通过大量的调研，认为肯尼迪的谋杀是从奥斯瓦尔德去苏联拿到一种特别子弹开始的，然后他就开始描述这种子弹对人体神奇的杀伤过程。还提到奥斯瓦尔德的同党杰克·鲁比。为了灭口，杰克·鲁比在奥斯瓦尔德击毙肯尼迪后干掉了他。肯尼迪悬案至今未破，不管儿子小组的推测怎样，我很惊讶他对当时的国际关系以及政治形势的了解。

我发现，让儿子给我讲我不懂的东西，真诚地向他讨教学习，并给他100%的注意力，这样的过程激励他多学、多分享。这个过程中他得到的鼓励越多，他领导自己上进的意愿也得到相应的提高，一个自主学习的良性循环就形成了。

我相信让Timmy跟我分享并教授知识的过程，着实帮助他在某种程度上成为一个自觉学习的人。我对此能力的实际栽培方式就是：提供一个100%倾听的氛围，递给他欣赏鼓励的眼神，隔三岔五地请教一下。

在意识到我能够帮助Timmy自主学习后，每每和孩子学生在一起，我会多倾听他们的分享，少负面评判，当然会提出如何改进不足部分的建议，孩子学生在我面前就会更自由无畏地表达了。

我曾因自己年长，受的教育多，轻易地低估孩子学生的知识积累。教他们时，常"灌输"，就像喂孩子吃东西一样。现在我明白"喂"孩子，孩子难以有深入或超越前人的思索，创造性很难得到激发。因此我会创造一个安全分享的环境，让孩子学生自己去思索，去找答案，去领导自己，让自己更加成熟。

孔子说："三人行，必有我师。"我朋友一知说："人人我师。"

让孩子知道他们懂我们不懂的东西，虚心向他们请教，让他们体验做我们的老师，我们甘愿做他们学生的过程，就是在实践"三人行，必有我师""人人我师"的理念。在引领孩子自觉学习方面，让孩子做我们的老师，让孩子引领我们一起互动，比那些"头悬梁，锥刺股"的说教，更为实在、直接、接地气、好操作。

心理学告诉我们，人会尽最大的努力证实别人对自己的认可。比如，如果有人认为你特公正，你会在那个人面前格外表现为一个公正的人；在那些认为你办事利落的人面前，你会格外地雷厉风行，孩子也一样。常告诉孩子你珍惜他的自觉性，喜欢他分享你不懂的东西，孩子就会更愿意去满足你的认可和期待。

感悟

承认有些东西是孩子懂而我们不懂的，甘愿为孩子做学生。孩子分享时，少评判、多鼓励，这些做法都会帮助孩子提高自主学习的积极性。孩子的自觉学习能力，不是靠我们的说教或者励志演说来提高，而是我们的倾听和鼓励。倾听和鼓励是孩子自觉领导自己的平台！相信孩子在这个平台上，会深挖潜力，大放光彩的！

4. 为什么你一说话，孩子就嫌烦

A妈听过我"善良地爱孩子"那场讲座，她听到我说"我爱孩子很粗暴并不善良"时，眼泪情不自禁哗地流了下来，她意识到自己对孩子的爱太粗暴了。她很想改，可当她面对女儿时，就是改不了，她说自己要疯了！

A妈：我和孩子间更多责任在我，女儿做得很好了，在外人眼里女儿就是那种"别人家的孩子"，孩子很有个性，虽然不怎么说话，但特有主意。只是每次见她哪里做得不对，我就控制不住自己，一定要马上指出来。仔细想想，是我太缺乏耐心。我到底该怎么改变自己？我觉得每天都在伤害孩子，一着急就管不住嘴，静下心来的时候我会想，孩子还那么小，不可能一下子什么都做对，我得让她慢慢学，很多东西我没教过她，怎么能期待她一下就做对呢？

有时候，她不按我说的做，或当时做对了下一次又忘了，我就特生气，我知道我不该这样，但就是控制不住，越说越气，刚开始她还会跟我顶嘴，现在她连顶嘴也没了，就只是听着。

画云：请给我一个实际的例子，比如具体发生了什么，你和孩子说了些什么，孩子有什么反应？

A妈：上个星期天，早晨起来练琴，我在旁边听着声音不对劲儿，是因为她的肩膀没放下去，我告诉她手腕和肩膀要放下来，我话还没说完，她马上就气起来。

我在旁边说一遍不改，说两遍还是不改，该怎么弹还怎么弹，肩膀死活端着不放下来，我真的理解不了，要是别人说了我，我就放下肩膀弹，就这么简单啊。可我说后，她气得不得了，我后来没力气和她吵了，就没再理她。

上课时，老师跟她说的第一句话就是："为什么你的肩膀端着，声音不对。"

回家的路上，我问她，你为什么就不听妈妈说的，你并不是不会，就是把肩膀放下来，改了不就好了吗？我越说越气，她越听越气，我们最后就是大吵。

平常也是一些鸡毛蒜皮的事，只要是我说的她就不做。有一天她穿了件几年前的又瘦又小的衣服，我说不能穿那件衣服去学校，她死活不换。

很多时候我一开口，她就抗拒，先反对了再说，她根本不知道我要说什么，就喊"不行"。

我知道我有问题，也想改，想起你说的要善良地爱孩子，我知道在孩子面前我很不善良，总是看她不对，说不好听的话，让她伤心，我该怎么办啊？

画云：孩子不听你话的时候，你怎么和孩子讲话？

A妈：我会越说越气，你说她不是不会做，怎么就不改呢？平时不用正确的方法，只有我说的时候才用，她怎么能改过来啊？

画云：那孩子怎么说？

A妈：孩子很多时候不吭声。她不吭声，我心情就更不好，气得不得了，就开始吼。

画云：你吼孩子，她怕吗？

A妈：原先还怕点儿，我一发火，就按我说的做，之后就又拉倒了。

现在越来越无所谓了，不管我发不发火，就是不听。我就问她听没听我说话，她会说她听见了，我问为什么不改，她会说她没错，没什么要改的。结果到老师那里，老师会指出她我说过的那些问题。

画云： 像这样你说了她不改，老师让她改同样的事情，你怎么跟孩子说？

A妈： 我当然会发火，我一发火，她就跟我吵。

画云： 她跟你吵的时候，说什么？

A妈： 嗯，说什么了？我不记得了。

画云： 你想一想孩子都说过什么，因为我会从她的话中找到一些思路的。

A妈： 说什么了？嗯，不记得了。我通常不听她说什么，只顾生气，按自己的思路数落她，她说什么还真的记不得了，她的话都是在争辩。

画云： 你能想起她争辩了些什么吗？

A妈： 真的想不起来了。

画云： 我是想通过孩子的语言，了解她的反抗是针对你本人还是对你做事方法的不认同。

A妈： 老师也说过她很多次，可她就是不改。她根本不在乎别人说什么，别人说话时她总是心不在焉的样子。

画云： 这样的话你跟孩子说过吗？

A妈： 说过。

画云： 她对你的说法有什么反应，很恼火吗？她怎么表现出来，会喊吗？

A妈： 会喊，会跺脚。

画云： 她最急眼的时候，会说什么？

A妈： 说什么我想不起来了。

画云： 你看啊，孩子说了什么，你一直回答的都是不知道，和孩子交流时，你一直按自己的思路和要求，不听孩子到底是怎么想的，其实孩子的话会告诉你她的态度和立场。事实上，很多父母找我的时候，都是让我告诉他们怎么才能把孩子管好，他们认为孩子争吵时说了什么不重要，重要的是我告诉他们怎么管孩子。

父母跟孩子沟通时，孩子为什么听不进去呢？因为孩子想的事情，和你跟她要谈的事情，很可能不是一件事。

你看有没有这种可能，你要求孩子把肩膀放下来，孩子可能会在想你凭什么跟我这样的态度？你们俩看起来是在对话，但谈论的是不同的事情？

A妈：是的。不过，我一开始都是跟她好好说的，不管我说几遍，她都把我的话当空气，我越说她越听不进去。

画云：好吧，现在是1:25了，我知道你是一开完会就给我打电话了。假如今天中午你没给我电话，而是加班忙一项工作，饭都顾不上吃，这项工作90%你都完成得很棒，结果你正忙的时候，老板来了，他不说你为了工作连饭都没吃，也不说你绝大部分工作完成得很棒，劈头盖脸就说你的各种问题。也许他态度不错，但说的都是你的不好，你怎么想？

A妈：不舒服。

画云：你不觉得自己也是这样不管女儿做得好的地方，抓住一点错误就无休止地评头论足吗？

A妈：这就是为什么我听你演讲的时候那么激动，孩子做得已经非常好了，可我就是在挑她那1%或2%的不足，我明白是我的错，就是不知道怎么改。

画云：你们之间的沟通习惯让她确信妈妈开口就没好话。你需要给她一些更好的经历，不然你说什么她都会先把自己封起来。哪怕你态度很好，但你说的都是她的毛病，你开口她就烦。

下一次她弹琴时，你尝试着别给她挑毛病，而是告诉她什么地方她弹得特别好，请她再弹一次让你欣赏，你看看她是否还顶嘴？先和孩子建立好的关系，再建议她用不同的方法弹，你给她录下来，让她自己听一下，自己给自己当老师找问题，这样你把球抛给孩子，让她自己想办法。

要想真正帮到孩子，就要先把关系搞好，关系不好，不管你是妈妈还是老师，你的话都没用。

很多父母找我，是要解决孩子的问题，我最终会告诉他们，问题本身不着急甚至不需要解决，要解决的是父母跟孩子的关系。

我女儿弹琴，也曾是我们之间的一大问题，后来我对她说："这么好听，再弹一遍呗！"有时我会让她教我弹琴。我发现孩子会练好某一段找我欣赏，一个良性循环就开始了。这样做对你会很难吗？

A妈：会！

画云：为什么？

A妈：因为，这个，因为，怎么说呢，我是觉得我看到她的毛病，我不说，太难了。

画云：你要马上指出来，是吧？

A妈：是的。

画云：问题是你一直在指出她的问题，她连听都不听，关系也搞糟了，值得吗？不仅如此，孩子改进的步伐反倒慢了，对吧？你听了我的建议，仍旧觉得很难，是吗？

A妈：对我来说，很难，但我会努力去改。

画云：我很好奇为什么很难呢？你完全可以告诉我。

A妈：我必须指出孩子的问题，在她有缺点的时候还说她的好处太难了。

画云：那我还是拿你跟老板做事来说，一项工作你做对了99%，老板总是挑毛病不说好，你会有怎样的感觉？你跟孩子谈话前，需要一个转换，告诉自己先说孩子的优点。

A妈：你说的我都明白，可我一直做不到，是我的问题。

画云：遇到什么事情，别马上反应，记住"转换"，先说优点，再说缺点。我理解你，可是，我们一直的做法不好用啊。

A妈：我有四个孩子，根本没时间跟她磨蹭，看到问题她必须立刻改！

画云：这叫"欲速则不达"！你先说孩子的优点，你会发现她对你的态度会很不一样的。我保证你有了这个转换思维后，对孩子的错误反应会不再那么敏感。

对了，你平时会夸奖孩子吗？还是只有人家错的时候才发言，做得好就觉得理所应当？

A妈： 是的。她弹得很好，大家都说好，我觉得她也应该知道我认为她弹得还不错。可要是大家都表扬，错的地方谁来指出啊？我给她指出错误，她改了，不是更好了吗？

画云： 你的老板可能也是这样想的，A妈做得好大家都知道，她也该知道我觉得她很好，我就不用说了，赶紧指出她的错误，让她尽快改正，节省项目时间。这样你会开心吗？

A妈： 明白了。我对老三老四就行，对老大不行。

画云： 老三老四有事，你解释成他们还小，因此你没问题。老大有事，你解释成你都这么大了，我也跟你说了，你就是不去做，对吗？

这就是我际关系，解释不同，感觉不同。人是靠感觉的动物，在感觉的基础上行动，我们的行动对孩子造成了伤害，导致孩子和妈妈的心理距离拉远了。你的出发点再好，你的方法不好，没效果不说，还把关系搞糟了。

A妈： 现在我明白了，多说优点。

一个星期后。

A妈： 头几天一看到毛病，我就咬下嘴唇，记着"转换"，不说缺点真的是好难啊！但我还是能忍住少说缺点，至少减少了一半说缺点的可能，和老大的关系好了不少。后来我下定决心，只想着优点，说她弹得好的地方。孩子满脸惊喜加幸福的样子，坚定了我表扬她的信心，至少我现在开口，她不再马上反抗了。

画云： 加油！

感悟

家是人生活中最重要的地方，亲子关系是爱流动的地方，但家也可能是给孩子带来伤痛的地方。家门咯吱一声关上后，家人间如何相待，决定着每个人的情绪。因此，父母要掌握好以爱之名的责怪和真诚的赞许之间的比例、顺序，为家人为孩子营造美好的内心环境。

第 3 章

了解孩子，
需要科学的眼光

1. 为什么孩子"不识好人心"

生活中，孩子会经常对你的好意不领情吗，会因为一点小事怒火冲冲吗，会无缘无故和你闹别扭吗？

希望我在夏令营中和小滔的故事，能帮助你从不同的角度来看孩子的问题。

小滔，13岁，是个长得干净穿戴也干净的男孩。

从小滔的写作中能看出，他比大多数同龄人更富想象力。他的文章逻辑清晰，没有用空洞的赘述，更不用生僻的词汇。在表达上，他声音清晰洪亮、抑扬顿挫、辨识度高。最突出的是他的肢体语言，大方不扭捏，就算有时在台上有些紧张，手也不会拉拉这儿，扯扯那儿的，站在那里顶天立地，声音和肢体语言丰富到位，情感拿捏精准。看着小滔，我常常会想，大家口中"别人家的孩子"应该就是他这样的。

小滔非常喜欢我、助教和我们的课程。他已经是第二次参加暑期夏令营了，因为他基本功扎实，人又自信，我就请他上台给同学们示范一些技巧，包括声音和肢体语言。我以为给他这样的机会他会非常开心，也会积极配合，万万没想到，他一脸不高兴地当众问我："为什么是我？"声音中有不解和不开心。

小滔从没和我这样讲过话，我当时愣了。心想你这孩子不领情不说，怎么好像我要害你似的啊？！真有狗咬吕洞宾，不识好人心之感！

我当时已经是个跟青少年打交道很有经验的老师了，我想他这样的情绪应该有他的原因。为了不耽误其他学生的时间，我就说："看来我突然叫你上台，你没任何准备，是吧？那我以后再叫你吧。"于是我让助教们做了示范。

课间，我让小滔来见我的时候，能明显感觉到我们两个中间似乎有一层看不见的隔膜挡在那里。小滔慢腾腾地挪到我跟前，讲话时刻意回避与我的眼神交流。

"小滔，我叫你上台示范的时候，感觉你有些不开心，是吗？能和我说说吗？"我说得很平静。

他迟疑了一下，低着头小声说："有点！"

"看来我们之间有些误会，我想问你，你觉得我为什么要让你上台做示范呢？"

"我，我不知道。"小滔有点紧张，不想说出他的理由。

"我让你做示范，是因为你总是能真实地表达情感，从不做作，你这一点我特别欣赏，而且我希望给你一个在大庭广众之下锻炼的机会，也让同学们看到肢体表达的多样性。"

听我这么一说，小滔的眼睛瞪得大大的，他吃惊的样子也让我深感意外。

"怎么了，干吗这般惊讶啊？"我不解地问他。

小滔说："老师，我太傻了！"

看我丈二和尚摸不着头脑的样子，小滔不好意思地说："老师，我说了您保证别生气，可以吗？"

"你这孩子，老师什么时候跟你生过气啊？说吧，只要是实话，老师一定不生气！"

小滔说："您叫我的时候，看起来很严肃，好像在生气，我当时觉得自己没做错任何事，您为什么要找我茬啊？"

读者朋友，你迷糊了吗？我当时也迷糊了一下，不过我不再意外了，还大笑起来。

看到我笑，小滔迷糊了。

我告诉他："我们之间的分歧是由青春期孩子的大脑发育造成的。也就是说，你对我面部表情的解释，是你大脑还没完成发育造成的。"

于是我跟小滔讲起了青春期大脑发育的知识。这些知识我早就知道，但一直没得空应用，因此跟小滔讲的时候我特别兴奋。

"来，老师跟你说说这是怎么回事吧。青春期的少年，比如你，和成年人，比如我，是用大脑的不同部位来诠释别人的情绪的。什么意思呢？成年人在判断一个人的情绪时，用的是前额叶皮质部分，这是大脑的司令部，大脑做理智决策的部位，这就决定了成人对别人情绪的解读基本准确。而青春期的孩子，像你这样的少年，在解读别人情绪时，用的是杏仁核。杏仁核是大脑对险情和威胁非常敏感的部位，当你使用杏仁核来看别人认真甚至有点严肃的表情时，你看到的多是生气和攻击。"

小滔听得很认真也很惊讶，他知道我是科学家，特相信我的话。

小滔的眼睛一刻都没离开过我。他这么认真，我又好为人师，就问他："小伙子，下次你觉得别人的表情让你感到很不友好或者有攻击性的时候，你准备怎么办呢？"

小滔想了想说："我现在知道了，因为我的大脑正在发育，我对人的面部表情的解读可能是错的。我认为别人对我很失望或者很生气，也许他们并不是像我想的那样。"

说到这里，小滔停了一下，然后说："老师，我突然明白了一件事，有时候，我断定妈妈是在跟我生气，可她就是说没有，我心里觉得妈妈不说实话，是不是这个原因啊？"小滔恍然大悟的样子着实可爱。

"你的话让我想起两件事，我女儿 15 岁开始就做我的助教。有一次我们在达拉斯南卫理公会大学夏令营上课期间，她问我为什么跟学生们生气，我当时觉得她的话很莫名其妙，我说我没生气，但女儿就是不相信。另外一次是 2016 年我在国内做夏令营，儿子 Timmy 做助教，课间 Timmy 问我为什么和学生们生气，当时我还不知道今天告诉你的科学解释，觉得Timmy真是莫名其妙。现在我也明白了，我两个孩子是把我的认真当生气了。"

此刻，我明显感到挡在小滔和我之间那看不见的东西消失了。

"那以后你认为妈妈在生气，妈妈说她没生气的时候，你怎么办呢？"

小滔这次很肯定地说："我会告诉妈妈我感觉她在生气，然后跟妈妈确认一下。"

"太好了，你的大脑像你的身体一样在快速地发育中，一定注意不要轻易下结论。"

事件：学生不识我的好心	
之前的我 没有沟通技巧，不懂大脑科学知识	现在的我 有好的沟通技巧，懂一些大脑科学知识
解释：这个孩子莫名其妙，不知好歹	解释：大脑对情绪的不同诠释引起的
感觉：失望，生气	感觉：理解，宽容
行动：大批孩子不懂事，不礼貌，不识好人心	行动：传授大脑科学知识，提醒孩子解读他人情绪时要注意确认，以免误解
结果：孩子更困惑，认定老师不喜欢他，找他的茬	结果：孩子学到新知识，快乐感激！亲密师生关系！

朋友们，这里我要提醒一下，哪天你的孩子，尤其是12~24岁青春期的孩子，回家告诉你老师对他很生气的话，你千万别一下真的认为老师很差劲，这个年纪的孩子因为大脑发育不成熟，很容易误解老师的表情，一定要跟孩子进一步确认，以免产生误会。

要是哪天你明明只是表现得很认真,孩子却认定你在生气的话,你知道该怎么做了,是吗?

感悟

在沟通中,我们怎么想的不重要,我们说什么也不重要,甚至我们的初衷是什么都不重要,重要的是作为沟通对象的孩子,他认为你的初衷是什么才是关键。很多时候,你的初衷和他认为的你的初衷是不同的,他就会误解你,对你的好意不领情,甚至跟你发火闹别扭。这样的时候,请让大脑科学知识帮助你解释孩子的行为,从而智慧地包容孩子,用情去爱,用知识理解孩子,紧密亲子关系。

2. 别轻易给孩子的行为贴道德标签

凯文，12岁，是我夏令营中的一个学生。我对他的最初印象是：谦逊。

有次课间，凯文看到两个男孩坐在一起津津有味地看手机，头挨得很近。他蹑手蹑脚地走上前去，我很好奇他会做什么，就眼睁睁地看着他用双手把两个男孩的头撞到了一起。

可以想象两个男孩被撞后的惨叫声。我三步并作两步走到两个男孩跟前，一个额头的右侧开始红肿，另一个说头晕。

我迅速把两个受伤的孩子带出去，找冷汽水给他们冰敷，不时地查看伤处，并陪他们坐了一小会儿。这两个男孩在课堂上可以说是最认真听课并积极练习的学生。他俩总是形影不离，每次和我在走廊相遇都亲切地招呼我，我对两个孩子的印象特别好。

确认他们没大事后，我把他们留给生活老师观察。回到教室布置完学生活动，我就找到凯文问情况。

凯文小脸煞白，看得出他害怕极了。看到他那么怕，我很心疼。以我对凯文的观察，我不觉得他是故意要伤害那两个同学，我平静地对他说："坐下吧，宝贝儿！"他不肯坐，嘟囔着："老师，是我不好！"

我温和地对他说："宝贝儿，请坐下来说，好吗？"

凯文坐了下来，眼泪也流了下来。

"你现在感觉怎样？"

"很害怕。"

"我也很怕，一个同学说头晕，另一个同学头上红肿的包越来越大。"

"对不起，老师。"

"你能告诉我，你让他们俩头撞在一起的时候，是怎么想的吗？"

"就是，就是他俩靠得那么近，我很好奇要是他们的头撞在一起的话，那声响会是怎样的，没想任何其他事情。"

"那，你知道他们的头撞在一起会很痛吗？"

"知道。我当时没想他们会痛，我就是想听听响声。"

凯文的说法刚好印证了大脑研究中的一个发现：青春期少年要冒险时，尽管清楚负面的影响，比如凯文知道两个男孩头撞在一起会很疼，但是青春期少年更在意的是好玩的部分，还有破坏规则的快感。对好玩对快感的追求常让青春期少年忽视负面的结果，而选择冒险。这样的大脑科学知识告诉我，凯文的行为是青春期少年的大脑发育还不成熟造成的。

因为有这样的科学知识，我对凯文的做法多了一份理解，少了道德方面的评判。然后我给凯文讲了一点大脑科学的知识：

青春期少年的大脑对新事物全方位开放，是人一生中表现最勇敢的阶段，这一时期的大脑喜欢做违反规则的事情，热衷新事物，敢于冒险，可能会尝试吸毒、酗酒等，也可能会喜欢上旅游、体育运动、表演等。因为青春期少年大脑中做决定的那部分还在发育，所以青少年很可能会过分强调一件事情的好处，而低估其坏处。

凯文认真地听我讲科学。

那怎样让你的大脑为你服务，选择好的冒险而不是坏的冒险呢？要多考虑事情的两面，有些事情看起来好玩，但不一定是好主意。我知道现在的你会觉得不守规则、冒险、不听大人的话看起来很酷，但只为了酷而不考虑后果的话，就会得不偿失，还可能让自己处于非常被动的状态，是不是？

凯文认真地点了点头。

我接着问他:"那我们回到你撞同学头这件事,你听到了响声,可是结果是同学受了伤,你自己处在恐慌之中,你觉得这样做值得吗?"

凯文静静地摇了摇头:"太不值了。"

"我相信你以后不会再做这种以为是好玩,可做完后却让自己痛苦不堪吓破胆的事了,对吗?"

凯文点点头,明显不那么紧张了。

他说他会跟同学道歉,我嘱咐他除了道歉,还可以做些力所能及的事情,比如给同学打开水、下雨天帮同学把饭带回宿舍等,他都欣然接受了。

这件事发生之前,凯文不算最努力的。这事之后,我明显感到他的认真,他常找我问问题,找他的助教和其他助教帮助他写作,练习声音和形体语言的表达,结业时小伙子表现非常亮眼。

凯文越来越信赖我,我也竭尽所能帮助他。那期夏令营中,我觉得收获最大的就是他。

孩子因为大脑做决策的机关还在发育中,所以难免出错,但出错也是孩子学习的最佳时光。出错看起来糟糕透了,但是如果父母和老师抓住这样的机会,少说教,讲孩子能听懂的话,让孩子有了被理解的感觉,孩子不仅会配合,还会心怀感激。

如果我没有沟通技巧,不懂相关的大脑科学知识,我会怎么做?我想一定会用女儿小时候我对她的那种方式来处理,我会用道德败坏来把小凯文大批一顿,那结果会怎样?凯文不仅学不到更多做人的道理,还会对我产生反感,从而不喜欢我的课,他的夏令营之行也将是一段非常糟糕的经历。没准我还要告诉他父母:这孩子,你们可得好好管教。最后父母对凯文肯定不满意,也不会对我满意,更对他们自己不满意。

事件：凯文撞同学的头	
之前的我： 没有沟通技巧，不懂大脑科学	**现在的我：** 有好的沟通技巧，懂一些大脑科学知识
解释：这个孩子人品不好，得好好教育	解释：大脑发育不成熟，造成孩子追求快感的冒失行为，行为有问题，孩子不坏
感觉：失望，生气	感觉：心疼，理解
行动：上纲上线，扯上道德大批一顿，通知父母	行动：传授大脑科学知识，提出如何注意自己的冲动，提出对同学补偿的方式
结果：孩子挫败，父母失望，老师生气	结果：孩子感激、配合，学会了更多做人的道理，成熟成长

现在我们一起来看看对凯文撞同学这件事的分析。

女儿小时候，因为我的无知，无论大事小情，都跟她上纲上线讲道讲德讲理，毫无效果！其实面对孩子，我需要做的是通过丰富自己的知识，改变沟通方式，用情去爱，用知识去理解，建立积极的我际关系，实现有效沟通！

无论家长还是老师，我们要做孩子沟通方面的榜样，让他们在出错的时候，跟我们学习沟通技巧，学会和别人打交道。如果可能，和孩子分享相关的科学知识，帮助孩子了解自己，激发孩子的学习兴趣，获得实用知识和技巧，孩子会更自信。

感悟

　　你有沟通技巧，才能让孩子体会到你对他的深爱；你有学识，才会在与孩子沟通时更自信！轻易不要用"人品不好""品行不良""道德败坏"等来评判孩子的过错。作为父母老师，我们要多了解孩子的想法和发育状态，不轻易给任何孩子上任何道德课！

3. 巧用思维导航仪，帮助孩子摆脱考前焦虑

雨晨： 老师，我是一个高三学生。离高考越来越近了，我现在却特别害怕学习。因为一遇到不会的题，我就开始浮想联翩。比如，我会想高考要是有类似的题可惨了，要是一上来就是这类题，我就慌得无法集中精力做后面的题了，成绩就会很糟，重点大学的梦就破灭了，妈妈肯定特失望，爸爸永远都不会原谅我。我还会不断懊悔，前两年我怎么就不多努力一些呢？要是早把基础打好了，这样的题一定没问题。我还会想，考不好的话，班上那个可恶同学的轻蔑眼神。这所有的想法和做题同时进行，脑袋好痛。我是不是哪根神经出了问题，还是心理不健康？

画云： 你这种情况，我在高中时也遇到过，特理解你的感受，你没什么问题，只是需要了解一些知识，重要的是改善和自己的交流。

我们的大脑处理事情时，是由工作记忆（working memory，以下简称WM）来完成的，WM负责存储那些要聚焦的事情。多年前，科学家认为WM在某一个时刻最多能处理7个信息。但近期的研究表明，WM在同一时刻最多只能处理4个信息，再多的话，WM区域就会很疲惫。

你看同一时刻你在处理的信息：

— 忧虑前途
— 后悔过去

— 在意爸妈的反应

— 害怕同学的评头论足

— 担心神经出了问题

— 怀疑自己心理不健康

— 抑制上面的想法

— 学习并解决难题

在同一时间，你让工作记忆区负载着加倍的信息。你还奇怪自己为什么会头痛吗？

我曾因夜里想事情不能入睡做过试验，我起床把所有的想法写下来，结果很快就能入睡了，这个方法屡试不爽。我感觉好像是把工作记忆区的信息放在纸上了，这一区域就不再像原来那样拥挤了。大脑不再疲惫，功能正常了。

画云：你很在意别人对你的评价吗？

雨晨：我一直非常在意别人对我的评价，希望在别人眼里我是一个好的存在。说话做事后，我总琢磨别人会怎么想我。想着想着，我就会受不了，会生气。

画云：我原来也这样。我想知道，如果别人没告诉你他的想法，那你脑袋中别人对你的评价是不是你的猜想，而且100%是猜想？

雨晨：我通常是根据我对别人的了解，猜别人会怎么想我。您这么一问，我明白了，所谓别人的想法都是我自己想出来的，未必是人家的想法。

画云：别人怎么想，我们无法知道。你所谓的别人怎么想，其实完全是你自己想出来的，而且越想越真，越想越对人家不满，你觉得你想出来的别人的想法可靠吗？公平吗？

雨晨：不可靠，不公平。

画云：没错，更重要的是你这样的想法对你有害，是不是？

雨晨： 想象别人的想法时，我很不舒服。老师，我这算不算给别人栽赃啊？

画云： 很高兴你明白了。再问你，你对别人的看法对别人重要吗？

雨晨： 我怎么看别人对别人不重要，但别人怎么看我，对我很重要。

画云： 我曾经也非常在意别人怎么看我。我问过自己一些问题后就不再在乎了。现在我来问你同样的问题。你觉得对你说三道四的人会在意你吗？

雨晨： 不会。

画云： 那你有必要在意他的看法吗？

雨晨： 没有。

画云： 别人并没有直接告诉你他对你的看法，是你自己胡思的，你需要对你的乱想那么在意吗？

雨晨： 不需要。

画云： 你用自己的想象来看待别人，这对别人不公平。你用对别人的想象来烦你自己，这对自己公平吗？只用想象，你就把自己搞得心神不安，你傻不傻啊？

雨晨： 老师我懂了，我的想法对别人不公平，对自己也只是伤害，很傻。

画云： 下一次你再有类似的想法时，怎么做？

雨晨： 我会想，这是我的想象，不是事实，不可靠。我也会想，想象别人的闲言碎语，对别人不公，对自己有害。

画云： 心理学研究告诉我们，一个人每天平均有 1.2 万~7 万个想法，其中 70%~80% 是负面的，95% 是每天重复的。

我们每天都会想到过去的、未来的、自己的、他人的各种事，大脑中充斥着无数想法，很难静下心来做事。当我处于这样的情形时，我会问自己："我在哪里？"

如果我在想将来的事情，我会问："我想的会不会发生呢？"我提醒自己："我想的都是假设，是我让假设在想象中变成了事实，但这并不是事实。我要回到现实中，不再用假设吓唬自己。"

我请自己从将来时，回到现在进行时！

如果我在想过去的事情，很可能是在后悔自责，也许在想："要是我这样做或那样做就好了。"其实我并不知道这样做或那样做的结果会怎样，这也是假设，是可能性。我在想象中把精力给了过去。

我请自己从过去时，回到现在进行时！

如果我在想别人的评价，我现在知道那不过是我的猜测，都不是现实。

我请自己从他人他事，回到现在进行时！

雨晨：那我们不能想过去和将来吗？

画云：价值千万的好问题！当然要想。生活中，我们一定要反思过去，规划将来，想别的人和别的事，想自己的强弱项。不管我们在想过去、将来、自己，还是他人，都不要否定自己，要让我们的想法为我们服务，构建有利于自己的我际关系，才是最富有智慧的选择。

几天后。

雨晨：现在感觉一天中，我一会儿充满了斗志和信心，想要成为高考黑马，一会儿心里又有些难受。这一会好一会坏的状态给我很混乱的感觉，我需要一次又一次地跟自己交流，重新调整到现在进行时，我期待着快点恢复正常。

画云：因为你刚刚开始一种不同的思维方式，有反复是很正常的事情。通常一个新习惯的养成至少需要 21 天，所以要给自己一些时间。评价自己时，主要看进步的部分，做自己的好朋友，给自己加油！告诉自己思维的改变是一个循序渐进的过程。

一个星期后。

雨晨：今天二模成绩出来啦，考得很差很差，高中以来从没考过这么糟。之前还心怀侥幸地想，焦虑的时候也坚持学呢，应该不会有太大影响，但事实上的确产生了很不好的影响。其他同学都不会像我这样，我看起来好像很努力，但我知道那都是假努力，没用心用脑思考。优秀的同学越来越优秀，我却在关键的时期纠结于心态，虽然竭尽全力去调整，有了一些改善，却还是因为这个浪费了很多精力。别人努力的时候，我却被这些乱七八糟的问题困扰着，真的不好。

画云： 我问你，把一个钉子敲进木桩容易，还是把一个理念放在人的大脑中并去实践容易？

雨晨： 当然是把钉子敲进木桩容易。

画云： 我们的想法在大脑中的物质存在是大脑细胞组成的回路。就像小时候我们刚开始学习 1+2=3 时，相关的大脑细胞还处在散乱的状态，当我们能掰着手指算的时候，就像用虚线把相关的脑细胞连接了起来，这个连接很弱，常常出错。后来老师和家长重复让我们做，就像用实线把相关的脑细胞连了起来，慢慢地这个连接不断强化，以后再遇到 1+2 时，根本不用花时间算了。

这样的熟能生巧，对思维方式也是适用的，从不同的状态回到现在进行时也需训练，让相关的大脑细胞回路在锻炼中得到加强。

我们常要求自己对待别人要大气些，同样，在对待自己不想要的想法时更要大气。把不想要的想法想象成一个人，一旦他被承认、被安抚，就消停了。一旦有"不想要的想法"出现，承认他，不要排斥压制他，告诉自己：我知道"不想要的想法"出现了，这个想法让我在哪里（过去，将来，他人他事）？我要把自己导航回到现在进行时，把所有的精力用在我要做的事情上。感谢自己，把自己拽回到当下，感谢自己对自己大气。

当天讨论后。

画云： 怎样从将来时回到现在时？

雨晨： 我会告诉自己，我现在的想法是幻想，不是现实。

画云： 怎样从过去时回到现在时？

雨晨： 我会告诉自己，无法更改的事情＋我的假设≠现实。

画云： 怎样从揣测别人的看法中回到现在时。

雨晨： 我会告诉自己，不用自己的假设定义别人的想法，对别人公平，对自己大气。

画云： 一旦思维方式变了，你的生活就会改变。今天的你比以前的你明白了很多知识和道理，你还在成长，成长的过程中一定会有反复，这是正常的，接受它，往前走，要相信熟能生巧！

雨晨： 这次考试有很多题不是不会，是考试时的心态有问题。五天之后还有一次二模，静下心来去考一定会有进步的，我相信自己还算有实力。

画云： 知道反思考试失误的原因，这点非常好。另外，想问题时，你既可以想"别人在拼命努力，我却在想杂七杂八的事，然后骂自己一顿"，也可以想"好在我现在知道怎么接受自己、接受自己不想要的想法了，这次的成绩也因为这样的接受没有更糟。我会继续和自己不想要的想法做朋友，下次考试只求做到自己更好的状态"。看你怎么选择了，是吧？

雨晨： 这次语文考得很惨，昨天语文老师找我谈话帮我分析问题，收获很大，老师还给了我很多鼓励。我知道我才是真正能让自己重新振作起来的人，只要内心强大了，任何事都不能打倒我。

画云： 我听到了一个强大的声音！祝福你！

五天后。

雨晨： 老师，自上次交流后，我用平静的心态接受我的一些胡思乱想，让自己从不想要的大脑状态回到现在进行时，这几天晚自习效率很高，而且很专注。昨天和今天考了第二次二模，我考得很快乐，考试时没焦虑，谢谢您！

画云： 很高兴你接受了自己的态度，祝福你！

2017年高考前，雨晨给了我下面的表格。

事件：高考		
我际关系	解释	终于盼到这一天了，为了这一天我做了12年的准备！今天我要把掌握的知识准确地写到卷子上，把最好的自己展现出来。给自己加油！
	感觉	乐观，自信！

高考第一天晚上，雨晨妈妈给我信息说，女儿表现得很淡定，状态非常好，她说是我际关系对女儿的心情起了至关重要的作用，让她临场发挥得特别好！

高考结束后，收到雨晨的信息，"画云老师，高考结束了，我正常发挥没紧张"。

我的眼睛湿了，心在唱歌！

和雨晨的交流其实通篇都在谈如何建立更好的我际关系，我来总结一二。

事件：大脑中太多的胡思乱想	
咨询前	咨询后
解释：哪根神经出了问题，心理不健康	解释：用科学来解释头痛，不是心理问题。明白胡思乱想都是自己的想象，不是事实。
感觉：崩溃，不可救药	感觉：有希望，有信心
行动：强迫自己抑制胡思乱想，埋怨自己	行动：接受不想要的想法，引导大脑从胡思乱想的状态，回到当下。相信熟能生巧。
结果：头痛，不能专心学习，成绩受影响	结果：经过不懈的努力，在紧张严峻的考试中能够正常发挥

第3章　了解孩子，需要科学的眼光

感悟

  我们的大脑时时刻刻都在不停地想事情，有的是事实，有的是想象，有的对自己有益，有的对自己有害。这就需要我们时刻辨认自己的思维在哪里，辨认自己的想法是否真实，辨认自己的想法是否是在建设更好的自己，跟自己的想法培养出持久的友谊，和自己有更美好的我际关系，活在当下！

4. 孩子上课犯困背后的学问

秋实：画云老师好！我女儿今年上高中了，上课总是睡觉，我跟她说了很多次上课不能睡觉，还给她准备了咖啡，但没什么效果。班主任昨天打电话说女儿连睡了头两节课。老师火气很大，对孩子的成绩下降很不满意。我想去找老师谈谈，你看我跟老师怎么说比较好？

画云：之前你是怎么跟老师沟通孩子上课睡觉这个问题的？

秋实：我跟老师说，孩子睡眠不够是因为孩子在长身体，是生理问题。老师认为是孩子不爱学。我也觉得孩子有这方面的问题。

画云：你跟孩子谈这事的时候，孩子怎么说？

秋实：她说每天上午头两节课的时候就是睁不开眼，还说她可能天生就是比别人觉多。我给她准备了风油精，让她困的时候用。

画云：我不建议你马上就去找老师。老师是没办法了才找你告状，你现在也不知道怎么解决，去找老师谈，你期待你们的谈话有什么样的结果呢？

我建议你重新解释女儿上课睡觉这件事，重新建立你的我际关系。你不能指望老师，老师是支持孩子的人，不是解决问题的人。你得先帮助孩子想出办法来，然后再去跟老师沟通。

事件：女儿上课睡觉		
解释	解释的重点	感觉
孩子有问题，得找老师帮忙解决	老师的任务	自己使不上劲儿，指望老师
孩子有问题，解决这一问题的人是孩子	孩子的任务	自己想办法帮助孩子，指望自己和孩子

秋实： 明白了，那具体怎么办呢？

画云： 和孩子沟通之前，我先跟你聊聊关于睡觉的学问。其实，我儿子每天上第一节课的时候也常常发困，就上课打盹儿这事，我和他做过一些调研，也跟你说说。

我们了解到，人犯困与大脑分泌的一种物质——褪黑激素有关。人的年龄不同，褪黑激素的分泌时间也不同。比如，8岁的孩子，褪黑素可能在晚上8:30左右就分泌出来了，你让孩子睡觉他就能睡着。但是到了青春期，褪黑激素要到晚上11:00~12:00左右才分泌出来，也就是说，孩子要在11:00后才可能有睡意，早上床的话，褪黑激素还没分泌出来，孩子不困。再有，青春期孩子的正常睡眠时间大概是8.5小时~9.5小时。如果你女儿在早晨6:30左右就起床早自习的话，她的大脑还没醒来，很多孩子甚至在第一、二节课还没完全醒，所以就会犯困。

我家所在的学区规定小学生早上7:45上课，初中生8:30上课，高中生9:00才上课。我原来一直不懂，为什么小孩子老早就得起来上学，越大的孩子上学时间越晚呢？不合逻辑啊。我还常纳闷这美国人怎么这么安排上学时间呢？

现在我知道了，这样做是有科学根据的。

青春期的孩子，在早上8点左右大脑还处在睡眠状态，把他们搞醒让他们上课，其实是很不科学的。

经过科学家多年的呼吁，美国现在已经有大约40个州把高中生上课时间延迟了1个多小时。

因为青少年的大脑还在发育，考虑事情会比较片面，做决定会比较草率，出现各种问题的概率很高。上课时间延迟后，美国一项针对几千名高中学生进行的跟踪调查显示，学生出问题的状况有所改善，比如高中生交通事故率降低了，成绩有提高。

但是，靠你靠我靠老师的力量来改变中国学校的上课时间不太可能。不过，至少你现在比之前更能够理解孩子了，对吧？

秋实： 确实挺开眼界的！

画云： 现在我们再来看看有哪些方法能让孩子上课时不那么容易犯困？

1. 大脑在缺氧的时候会犯困。可以让孩子多喝水，这会帮助大脑获得更多氧气；采用腹式呼吸，呼气时肚子瘪下去，吸气时肚子鼓起来，呼气时间要长于吸气时间。腹式呼吸比胸式呼吸能让大脑获得更多的氧气。

2. 吃东西时不容易犯困。请老师允许孩子吃口香糖，如果不能吃东西，就让孩子做出吃东西的样子。

3. 运动状态的人不容易犯困。试试搓手搓脸，晃腿晃脚，手揉耳朵，手按额头太阳穴等。如果座位在后排，看老师能否允许孩子站起来走动一下。上课记笔记也会增进血液循环，给大脑更多的氧气。

4. 带着问题听课。人在听不熟悉或不理解的事情时就容易犯困，如果老师讲得没趣就会更困。我会要求孩子提前预习，然后带着问题上课、提问，这会帮助她保持清醒。

5. 人在感到疼痛时，就不会犯困。跟朋友一起时，如果我犯困了会让朋友掐我一下，让身体有痛感。

6. 人在感到担心时，就不会犯困。坐在前排，离老师近一些，会因为不想让老师看见自己打瞌睡，而强迫自己保持清醒。

7. 注意调节生物钟。

就上面的7条，让女儿把她能做的，按从最喜欢到最不喜欢排序，和孩子确定能做的几条。与此同时，也要注意不让孩子做一些事情：

1. 饭别吃过饱。过饱时，消化系统需要更多的血液消化大量的食物，造成大脑中暂时性血液和营养成分的短缺，人就会犯困。

2. 不能喝咖啡。不同人对咖啡的耐受度不同，如果孩子对咖啡因的耐受度没那么高，午饭后再喝了咖啡，就会比较麻烦。

3. 晚上睡觉前半小时，尽量不用手机，睡觉的时候卧室内最好不要有任何光线，包括充电器微弱的光，这些光会给大脑现在是白天的错觉。

有了这些，你再去找老师谈，告诉老师你们想出的帮助孩子解决上课睡觉问题的办法，请求得到老师的支持。之前老师是因为没办法才找你，现在你去跟老师分享你们想出的方法，老师会高兴的。

画云： 下面我们再来看看该怎么和孩子交流她上课睡觉的问题？你先来比较一下这两种说法：

第一种：老师又告状了，把我训了一顿，你是怎么回事？怎么又在课上睡觉？我都愁死了，你能不能改改啊？你说你想怎么改，说！

第二种：今天老师给我打电话了，说你上课睡觉，你是不是觉得挺没面子的？

你觉得哪一种说法，孩子可能会更配合？

秋实： 第二种。第一种方式女儿肯定会跟我吵起来，第二种从没试过，太不习惯了，我得练习一下，但感觉她应该会吃这套。

画云： 第二种说法，你帮孩子说出了她不愿说出来的话，孩子会感到你在努力地理解她，而非指责她。

孩子一出错，妈妈就发火，其实是把孩子从我们身边推开；孩子出错了，妈妈能理解，才是孩子最需要的，也是能坚固亲子感情的，通过重建你的我际关系就可以达到这样的效果。

事件：孩子出错（任何错）	
消极的我际关系	**积极的我际关系**
解释：这孩子总是惹事	解释：孩子也不想惹事，孩子需要引领，需要成长
感觉：无奈，怨恨，焦虑	感觉：平静，大气，理解
行动：发脾气，指责，说教	行动：提高自己为人父母的能力，寻找培养孩子成长的办法：调研，找专家咨询
结果：问题得不到解决，疏远亲子关系	结果：问题得到解决，紧密亲子关系

从上面的表格，你看出思路了吗？

秋实：嗯。

画云：女儿在哪些方面比较有优势呢？

秋实：她画画很棒，写的诗常常获奖。

画云：告诉女儿，你理解她现在所处的局面不够理想。问女儿谁是帮助她解决这个局面的关键人物，一定要引导女儿说出解决这个局面的人只有她，没有别人。

孩子因为睡觉问题惹老师不开心，同学会有异样的目光，你要把握孩子要强的心理，指出她呈现给老师的形象和她期望在老师眼中的自己，有很大差距。这样的分析，这样对着孩子的精神说话，会让她有所触动，而不是让她烦，随便应付你。理解孩子不如意的感觉，强调孩子的绘画能力和写诗的天赋，表达你对她的信任，告诉她只要是她下决心想做的事情，她都做得非常好。就睡觉熬夜这件事，你会和她一起找到办法。

告诉孩子，你和她一样，非常在乎她是否能成为她心目中的自己，你一定帮助孩子来做这件事，把她闪光的部分展现出来。

总而言之，一是对着女儿的内心讲话，让她体会到你的爱、你的支持和信心；二是让她明白没人能替她来做她的事情。

跟女儿讲办法时，最好给出一些细节，比如告诉她"人缺水的时候，大脑会缺氧，容易犯困、疲劳，因此要多喝水"，而不是笼统地说"要多喝水，能解困"。

孩子慢慢长大的过程中，父母的权威性在逐渐减弱。但无论如何，大多数孩子是相信科学的，所以和女儿谈话时，请科学来助力！

最后再说一件事，可能对你跟老师的谈话非常重要。建议平常的日子里，多问问孩子对老师的印象。让孩子讲讲她喜欢老师做的一些具体的事，这样你就有了关于老师的小故事。见到老师后，先从老师做过的让你和孩子印象深刻的事聊起，老师自然就愿意听你说话了。

多找老师的优点和老师做事的一些细节，这件事我和我的两个孩子都做过。对于孩子不喜欢的老师，他们很难讲出印象深刻的事情来。我们可以从老师讲课时是否搞笑，老师特别关注了某个生病的同学，老师很在意某件事等，来启发孩子找故事。我儿子曾经对一个老师很不满意，讲不出老师的优点，就问我："他资助非洲一个孩子上学，这个算吗？"当然算，对吧？

和孩子商定了切实可行的办法，又了解了老师的一些小故事，接下来怎么和老师交流呢？

是一见到班主任就道歉，说孩子不好呢，还是先和老师聊聊孩子最喜欢的关于他的故事呢？哪一种老师更愿意和你交流？

很明显，后一种。

很多家长一有机会就问班主任孩子有没有不听话，然后就提要求，要老师千万把孩子教育好，打骂都没关系，班主任听这话听得太多了。但你要去了，先跟老师聊聊，有天孩子提起老师的时候，告诉你们老师都做了什么，孩子说的时候特开心，你和先生也很开心，老师的心门一下就会打开。因为你不是来抱怨的，不是来提要求的，而是来沟通的，老师就会给你、给孩子更多的关注。

跟老师沟通时，有几点需要注意。

1. 预约。老师都非常忙，如果你在接孩子回家的时候，跟老师说你孩子的问题，老师脑袋中正处理着不同的事情，很难集中精力关注你说的事。因此和老师约好时间和时长非常重要。

2. 跟老师见面，先聊孩子跟你讲的老师的小故事，保证老师有个好心情。

3. 正式聊的时候，应该让老师觉得，你不是来找他想办法的（因为他没有办法），更不是来指责谁的，你是老师的合作者，你是来支持帮助老师解决麻烦的，但不是老师错待孩子的帮凶。

4. 与老师分享你和孩子的打算，孩子同意做什么。

5. 针对你的每一个方法，及时询问老师的建议，请老师指点。这样对待老师，老师会更愿意在自己的能力范围内帮孩子。

6. 接下来是要量化的部分，一定要量化，你先拿自己举个例子，比如孩子吃饭特别慢，一顿饭常要45钟吃完，有一天用了30分钟，你就抓住这件事，强调她给自己节省了15分钟，让你少唠叨了，结果发现孩子慢慢地有所改善。跟老师强调鼓励孩子比批评更有效。问老师如果孩子之前睡两节课，有一天睡了一节半，有半节课的改进，看老师能否给女儿一些鼓励？

后来，秋实告诉我，她按约定时间去找班主任聊的时候，老师不怎么热情，还说马上有事情不能聊太久。秋实没往心里去，按计划的先跟老师说孩子最喜欢班主任的语文课，因为喜欢老师，小学最不好的学科变成了现在最好的也最爱上的课。老师听了，表情明显放松了一些，还夸奖女儿诗写得很不错。

在秋实分享孩子要采取的避免上课瞌睡的方法时，老师说："哦，我确实注意到了，今天一整天都没睡，听课挺认真的，看来你们的谈话是有效果的。"这时老师又放松了许多。

秋实就问老师有什么建议或办法帮助女儿，老师说她会把女儿的座位调到前排。谢过老师，秋实提出请老师对女儿的积极变化给予鼓励时，老师欣然应允。

最后，班主任老师跟秋实谈了45分钟！

后来老师看到秋实女儿认真听课后，偶尔课间在走廊遇到孩子会夸她："眼睛真大，真漂亮！"

孩子努力得到老师和妈妈的肯定后，备受鼓舞，坚持不懈地努力，上课瞌睡的时候越来越少，跟老师和妈妈的关系都有很大改善，成绩也在稳步上升。

感悟

老师一告状，家长就容易跟孩子急，火气上来了顾不得说出的话是否有效，是否尊重孩子，结果事情没解决还把关系搞糟了。老师告状说明老师没找到办法；孩子也没方法，否则就不给自己惹事了。老师和孩子都没办法的事情，家长就必须换个角度来看，建立新的我际关系，想办法帮助孩子。当家长用爱用办法而不是脾气时，会发现孩子和老师都更配合。在孩子成长的道路上，父母一定要做好啦啦队的工作！

5. 孩子坐久了会影响学习

常有家长问我：孩子花很长时间学习，但效果并不好怎么办？孩子学习时身体总是动来动去怎么办？孩子上课时精力很难集中，不听讲捣蛋怎么办？

我曾经也以为这些都是孩子的问题，而如今我已经知道这其实是大人给孩子规定的学习方式不适合孩子造成的。先讲一个我的学生亚丁的故事。

那年秋季开课时，8岁小男孩亚丁作为新生来到我的班级。他哥哥戴维是我的得意弟子，不论写作水平，还是语言表达能力都是一流的，尤其他抑扬顿挫的声音，十分好听。不仅如此，他还能辅导班上的同学，是个很好的领导者。

第一节课刚上课，我便发现亚丁根本不听讲。好不容易听课了，不管我讲什么他都要插嘴。比如我说："现在我们每个人和大家介绍一下自己。"我的话音还没落，亚丁就说："我不想说。"听到一个孩子说喜欢数学，他就马上接话："我也喜欢数学。"

"亚丁，讲话前请举手，不要随便插嘴。"我制止后，他不再说话，但他听一位同学说来自某个城市后，马上夸张地竖起大拇指，指向自己，意思是他也来自同一个城市。

我的明确制止，同学们厌烦的目光，对亚丁都没有任何影响。他仍旧我行我素，像是身上有个跳蚤一样，让他一个劲儿地动。

大家自我介绍后，学生们两两配对互相采访，我特意没给亚丁找搭档，而是要求他和我一组。

"亚丁，我先要感谢你，你打断我说话后，在我的提醒下就没再讲话，你这样做让我感到你尊重我，也尊重自己，谢谢你的配合。"

亚丁眼睛里满是惊讶，还有些许不好意思。我明显感到他在我面前，不再是防御的架势了。

"亚丁，我很好奇，你的身体一直在动，是不舒服还是有什么别的原因？"

没想到亚丁笑了，他跟我也明显地放松了下来："老师，我动起来就舒服，不动就难受。"

"哦，有意思！希望你喜欢我的课，我尽量让课堂有趣，你有什么要求，就让我知道哈！"

听我这样说，亚丁很坦白："在学校，我一惹事老师就惩罚我，就跟我妈告状，不管我怎么努力地改都没人感谢过我。"亚丁居然跟我分享了这样的细节。我对他说，我会告诉他妈妈他的努力的。

这节课剩下的时间里，亚丁没插嘴，但他一会都静不下来，包括写东西的时候，全身都在动。

下课后，极为焦虑的亚丁妈一看到我就开始语无伦次："亚丁没给您惹麻烦吧？我吧，早就该告诉您，亚丁是个很闹的孩子。可，可我怕您不收我儿子，尤其是您这儿名额紧张，我很想让亚丁跟您学，我老大您给带得多好啊，您也帮我调教调教老二吧。这孩子在每个老师那儿都是个大麻烦，他在您的课上怎么样？"亚丁妈把心里的话一股脑儿全倒了出来。

"好哇你，先让儿子占了名额，然后才告诉我他的情况，太狡猾了！"我开玩笑数落亚丁妈。

看到我很轻松，亚丁妈也放松了许多："快告诉我，亚丁表现怎样？"

我汇报了亚丁的表现之后，他妈开始发连珠炮了："您是第一个跟我说亚丁时有笑脸的老师。现在学校校长直接给我电话，他的班主任都快让他气疯了。您帮我好好教育教育他。拜托了！"

不知道你听到别人说"拜托了"是何感觉？我呢，就怕人这样说，因为我这个人一旦有被信赖的感觉后，就有重重的负担压在肩头。

亚丁在课堂上是否配合，直接关系到课堂质量和所有孩子的切身利益。我决定：带好亚丁！一个念头也随之冒出来：找办法！

当一个念头在大脑中出现后，就变得非常活跃，无论跟家人还是朋友谈话或发信息的时候，都保持着灵敏的嗅觉寻找解决办法的味道。

大概因为足够投入，我的运气非常好。没过两天，我在时代杂志特别版看到一篇文章，主标题是"为什么男孩需要动？"，副标题是"静静地坐着很难让小男孩认真学习"，这不正是我要找的东西吗？

这篇文章主要讲了芬兰的一项研究表明，一年级男孩坐的时间越长，玩的时间越短，他们在二三年级时阅读方面的进步就越小。久坐不动对男孩的数学成绩有负面影响。（久坐少运动对女孩的成绩影响不是非常突出，鉴于参与测试的女孩人数太少，还不能下定论。）

这样的研究令我惊讶，我们祖祖辈辈要求男孩好好坐着上课的方式原来是错的！

文章还指出，小男孩兴奋地四处奔跑，在走廊过道来回穿梭，在墙边一跃而起看自己能跳多高等等类似的活动，都有助男孩子提高阅读能力！文章强调，因竞争激烈，有些学校通过减少学生锻炼的时间来增加学业活动，可是学生久坐忽视了锻炼，对成绩的改善收效甚微。

看到这样的文章后，我对男孩上课爱动做了一点儿其他方面的调研。

人的焦躁情绪和体内神经传递物质血清素有关。当血清素降低到正常数值以下时，人们就会出现注意力难以集中等问题。运动是增加血清素的绝佳办法，在运动结束后的数个小时内，情绪仍会高涨。动物实验表明，提高动物体内血清素后，动物间互相攻击行为明显减少。

另一个有趣的发现是：与女孩相比，男孩分泌的血清素要少。原来这才是男孩不像女孩那样老老实实上课的原因！

调研不仅让我理解并包容了亚丁的爱动，也改变了自己的上课方式。

在我的课堂上一直都强调游戏中学，多数时间以全班性活动为主。这次调研后，我将课程设计成了更多的小组活动，这样每个学生都有更多时间和同伴互动。

小组活动时，我要求学生们尽量站着，这样就给身体增加了不少活动的机会。想想看，人站着的时候活动起来是不是比坐着的时候更自由更容易让人接受？我发现，就是站着做事的时候，有些男孩还是会动动桌子、动动墙、动动同学，一刻都不消停。但这些小动作，并不影响全局，我不像从前那样干预，相反我会赞赏学生上课越来越积极主动。

你能相信吗？亚丁在第三节课上没有出现任何问题。他还偷偷告诉我，希望我去他们学校做他的老师！

亚丁是我见过的非常闹的学生，也因为他，我找到了男孩爱动的科学原因，以及爱动的好处，这对我理解学生、与学生相处，甚至设计课堂内容，大有裨益。

事件：亚丁上课折腾，影响课堂教学	
无效的沟通	（调研后）有效的沟通
解释：这个孩子缺乏纪律性，一定得严加管教	解释：年龄造成的，发育过程中的必然
感觉：孩子给自己添麻烦，生气	感觉：平静
行动：简单粗暴地制止，惩罚，发火	行动：以更适合孩子的学习方式设计课程，感激亚丁所作的努力
结果：孩子继续折腾，老师继续施威，问题继续存在	结果：孩子学习积极性高涨，上课认真，心情顺畅，紧密师生关系

亚丁妈告诉我，每到周六，亚丁从一大早就开始盼着上我晚上才开的课。亚丁说上我的课是一生中最快乐的事。亚丁的改变也让我觉得在他身上花费的时间和精力特别值得！

孩子坐不住、身体一直乱动、精力不集中，看来不是孩子的错，可能是大人给孩子规定的学习方式不适合孩子。我们成年人需要多调查研究，努力提高自己，从而让孩子更快乐地学习。

感悟

我要提醒广大父母和我自己：孩子有问题时，我们不能总是埋怨孩子捣蛋，也要问问自己，我怎样提升自己才能科学有效地解决孩子的问题呢？我有时会感慨，要是早知道这样的科学道理，我就不会委屈我的孩子们和那些曾经在我的课堂上爱动的学生了。

6. 从小被吓怕的孩子，如何自信起来

2016年寒假期间，我结识了子懿，那时她16岁。子懿给我的第一印象是，这是一个阳光、有主见的才女。子懿说，她最大的问题是不敢当众讲话，很多时候毫无自信，并坦陈这和她儿时的经历有关。

我建议子懿将儿时的经历写出来，她很犹豫，因为不想再回忆过往那些深刻的痛苦。

为了鼓励她写出自己的经历，我给她讲了加州大学洛杉矶分校的一项心理学研究，研究表明人在面对恐惧时，真实地描述出自己的感觉可以减轻害怕和焦虑情绪。

研究人员把一只大狼蛛放在开口容器内，让88名蜘蛛恐惧症者接近，如果可能，就用手指摸一下大狼蛛。这88名受试者被分为四组，每一组有不同的实验要求。

一周后，所有受试者再次靠近大狼蛛，并尽量用手去触摸它。

研究人员测量了每位受试者与蜘蛛的最近距离，询问他们的感觉，监测了他们的生理反应，像是手心出汗的多少等。结果发现第一组的表现远胜于其他三组，第一组更能接近狼蛛，情绪变化最小。

组别	实验要求	描述范例
第一组	描述对狼蛛的印象和自身感受	丑陋可怕的蜘蛛让我感到焦虑恐惧
第二组	不要表达出恐惧或厌恶，让自己表现得不那么害怕	那个小蜘蛛不能伤害我，我不害怕
第三组	说一些不相关的经历	今天天气还好
第四组	不说任何话	

那为什么第一组受试者描述了感觉后，变得更能接近狼蛛了呢？

当蜘蛛恐惧者说出"我很害怕那个讨厌的蜘蛛"时，他们并没有学习什么新的东西，只是说出了他们的感觉，描述得越多，效果似乎越好。出于我们并不完全了解的某种原因，这种表达足以造成不同的结果。

我朋友磐德教授，是全美伊拉克战场回来的军人们的首席心理咨询专家，她曾告诉我，人的记忆在大脑中有一条路径，负面记忆的路径是粗糙的、不平滑的，但是，如果你能跟自己非常信任的人讲述那些糟糕的经历的话，每讲一次，这条记忆路径就会变得平滑一些，说的次数足够多之后，这条路径就像打了蜡一样变得无比平滑，而我们对那段经历的感觉也变得不再像之前那么坏。因此，磐德教授在咨询中，做得更多的是倾听。

跟子懿分享了这些之后，她终于答应写出自己的经历。

破 茧

将钉子钉入木块是一件容易的事情，但拔出来却要费很大劲儿，而要让木块恢复原样几乎是不可能的。生活中有些事就像钉入生命的钉子，不断折磨我，让我痛苦不堪。

小学三年级时，班主任开展了一次演讲活动，叫"黄桷树下讲故事"，主题是三国演义或环境保护。老师把我们分成了几个小组，我们小组一致推荐我代表小组参赛，那时我没有看过三国演义，只能硬着头皮选了环境保护。接下来的几天，妈妈也在网上帮我收集有关环境保护的资料，我再将它们整理成一篇还算通顺的文章，又花了一天的工夫把全文背诵下来。对于当时小小的我，这篇文章有太多不懂的词和各种术语，什么环境价值啊，环境执法啊，"两高一资"等。我记下所有字的读音，却根本不知道讲了些什么。

三天后，演讲比赛开始了。我听其他小组演讲时心情蛮放松的，直到排在我前面的人说到最后一句，我的心忽然剧烈跳动起来，手臂也忽然僵硬，双手握拳，大拇指不安地摩擦着。我甚至感觉自己完全不能控制自己的面部肌肉，心里不断祈祷"千万别出什么差错啊。"我站起身，双脚像踩着棉花一般，轻飘飘的，大脑一片空白。我开始背诵那篇文章，"哎呀，不对不对，少了个字""如果我音调再高些会不会更好？"在这样的纠结中我背完第一段，我心中庆幸着。背到第二段中间时，那些不知何意的专有名词在我脑中胡乱地跳跃着，我知道我忘词了。我努力保持微笑，沉默在那里，虽然当时已是深秋，我头上却冒着冷汗。脑子里打了个死结，无论如何都想不起下面的内容。天啊，如果这时候出现一条裂缝让我进去躲躲该多好。我只能无可奈何地直接背起最后一段。规定是5分钟，我只讲了3分钟。我低下头，跑回座位，没有勇气看组员的表情。

时光流转，我已长大，而三年级的经历留下的伤痕却使我很长时间不敢参加舞台活动。每次参加比赛，无论我专业能力有多强，还是忍不住想逃离那个地方。由此可见，童年时受到的伤害对一个人影响有多大。

我一个朋友童年时被伙伴恶作剧地孤立，长大后不敢主动建立友谊；另一个朋友童年时总被人拒绝，长大后不敢向别人提出请求。绝大多数人都是带着伤长大的，疗愈这伤痕的药却是买不到的，只有自己把关爱与希望熬成药膏，以不懈的坚持为药引，才能使它慢慢愈合，伤痕埋得越深，被偶然揭开时会越痛。小时候上台出糗的经历在我心里留下伤痕，我也知道很多人都有不敢面对的过去，像木块上无法还原的钉孔，血淋淋的疤痕留在那里。

高二寒假时我遇到了画云老师，她教给我说话的技巧，包括声音、写作、形体语言等，以及怎样与自己交流，肯定自己，增强自信心。开学后，老师们都对我的进步感到惊喜。语文老师组织同学表演课本上《雷雨（选段）》的话剧时，指定我为第一组的女主角并且担任第一组的负责人。我一边为老师的信任感到高兴，一边又生怕有负老师的期望，在这样矛盾的心情下，我开始帮助组员排练。每节课的课间我都分别去找各个组员，按照画云老师教我的方法和他们讨论每一句台词的语气语速，"尾音不要向上翘""这个地方间隔时间长一些""好的，这个句子没问题了"，一遍遍排演，直到令人满意。

离表演还有一节课时，我正忙着记没背牢的台词，一个平时不爱说话的组员走过来说："我不想演了。"我愣了一下："怎么了？""我觉得自己会控制不住笑场。"她低着头说。"你只有一句台词，忍住就行了。"我看着她说。"不行不行，我演不了，你还是换人吧。"她皱着眉，眼睛躲避着我的目光。我有些恼："马上就要演了，你让我这会儿换谁？""反正我只有一句台词，你换别人吧，我求你了。"她语气变得急促，像马上就要哭出来了。

我刚想继续说："没事，别怕。"却忽地停住了，我想起初中时参加过一个英语演讲比赛，候场时我不断想着最坏的结果，万一我一个字都说不出来我能不能逃走？我这会儿能不能退出比赛？其他人安慰我说"没事，没事，别怕"时，我却感到更加不安。

我不能让她经历那样的痛苦，记得画云老师说过，与人沟通要先情后理，不妨试试。我轻轻地抱住她，拍着她的背："乖，你先冷静一下。"等她静下来，不再那么焦急后，我继续："我知道你这会儿不想上台演出，我知道你有些怕，但我觉得这是一个你突破自我的好机会，这次如果做好了，以后你就不会那么害怕当众讲话。"我停了停："如果你真的认为这次不适合你或是你真的做不到，你可以和其他人说，把角色换给他，我也同意你放弃。"再次轻轻拍拍她的背，我松开她。她抬头看了我一眼，接着又低下头，咬了咬嘴唇说："我回去再想想"。

我不知道她后来想了什么，也看不到她的表情，只看到她用右手撑着头，不时地歪歪头。直到演出她都没再来找我，但我在候场处却看到了她，我忍不住弯了弯嘴角。

在表演前我曾想过无数种可能发生的我出错的尴尬场面，事实上，在表演中，尽管我的手依旧抖个不停，面部仍然抽搐过，但我在内心接受自己的紧张，运用画云老师教我的处理我际关系的方法，给予自己适当的肯定，演出最终十分圆满。

至于那位怯场的同学，也顺利说完了她的台词，而且没有笑场，我终于松了一口气。值得高兴的是，在表演完的评选中，我们组获得了第一名，我当选最佳女主角，不过最令我欣喜的还是这次劝说的成功。

我找到那位同学，兴奋地说："你真是太棒了，恭喜你突破了自己！"她害羞地低着头，但嘴角的弧度却告诉了我她内心的感受，我给了她一个大大的拥抱。我才发现，假期和画云老师学习的演说课能给我带来如此的改变，不仅使我自信，还能帮助到身边的人。

回顾曾经受过的伤，我曾痛苦，曾逃避。幸而有后来的勇气，鼓励我直视伤痕并接受它。当然，何其有幸，在迷茫之时遇见画云老师，让我打开新的视野，一点一点，将自己疗愈。我更要感谢我的父母，他们不曾因为我偶尔的怯懦指责我，而是理解我，不断用他们的经历引导我，不断帮我找寻能疗愈我的方法。愿所有父母都能用那个充满力量、智慧与爱的灵魂帮助孩子自信起来！

后来，子懿特别强调："说出这段经历，确实比回避或者不说要好得多。"

感悟

　　为人父母，我们都希望孩子自信、勇敢，发现孩子有不尽如人意的地方时，容易用命令式的语言让孩子改进，但很多时候孩子做不到。父母不断地更新自己的知识，用科学知识来说服孩子时，说法会更有力，孩子在有的放矢地改变自己的同时，还能和我们有更亲密的关系！

7. 想要走进孩子的世界，父母该做好哪些准备

常有家长问，孩子越大越不愿意跟我们交流，有时把自己锁在屋里一天都不跟我说几句话，感觉对孩子的世界一无所知，和孩子内心的距离越来越远，该怎么办？孩子不愿和父母交流，是我被问到最多的问题。

我和 Timmy 的一个经历让我明白，其实不是孩子不愿交流，多是父母开口的方式有问题。

有天早晨 Timmy 下楼后懒洋洋的，什么都不想说，拥抱我的时候身体重重的，那张不舒服的脸和平时阳光灿烂的脸有着黑与白的差别，我这儿心一紧："儿子，没事吧？"

"没事，就是太累了！"儿子的"样儿+声音=有气无力"。

为了让儿子的心情好点，我一会儿送豆浆，一会儿给鸡蛋，问寒又问暖，可人家没一点儿精气神儿，我做什么都不好用。

无奈之际，我想起哈佛商学院艾莉森·伍德·布鲁克斯（Alison Wood Brooks）教授在研究人的情绪对工作效果的影响时做过的一个实验。她组织了一群志愿者做一些会使他们紧张的事，比如演讲、唱歌、做数学题等。之后，她把志愿者分为三组，要求每组在做事情之前说不同的话，第一组说我很兴奋，第二组说我很紧张，第三组说我很平静或什么都不说。

布鲁克斯教授发现无论做什么事情，对自己进行相同心里暗示的志愿者有着很相似的得分。

说	平均得分
我很兴奋	80
我很紧张	53
我平静 或什么都不说	69

这个实验说明：人对自己状态的描述直接影响着人的情绪状态。因此在定义自己的状态时，为了让自己感觉好些，完全可以定义自己的状态比真实的情况好一些儿！

一想到这儿，我就觉得找到了解决儿子问题的法宝，加上想让儿子快点儿感觉好些，我差点说："我看过一个哈佛的研究，人家说你怎么描述你的心情直接影响你的情绪。因此为了避免你的情绪更糟，你要用积极的语言来描述你的情绪。"

还好，我没急于说教，先让自己平静下来。你想啊，这人做事，情绪愉悦时才愿意去做，我得在儿子敞开心扉能听进去话时才说，是吧？

我做了人生中第一次尝试：为了别人能听进我的话，刻意帮助对方准备听我讲话的心情。这样的尝试仅在托人办事的时候做过，努力程度不能和这次比。

送儿子上学的路上，我对他说："儿子，想跟你讲个故事呢。"

"嗯。"儿子懒懒地回道，虽没拒绝，但也没什么心情，估计人家心里希望我闭上嘴巴。

我心想："小子，有能耐你就一直这副德行。"同时暗自告诫自己，别命令儿子听你讲，有本事你想办法让人家喜欢听。

"有人问神父，我可以在祈祷时抽烟吗？你说神父会说什么？"

"当然是不可以。"我听出儿子应付的语气。

"没错，这么神圣的事情怎能在抽烟时进行呢，是吧？那如果那人问，我可以在抽烟时祈祷吗？神父会怎么说？"

儿子想了一下："当然可以。"声音里有了点能量，听起来也响亮了些。

"为什么？"

"因为这个人听起来是随时随地都在和上帝交流啊！"儿子和我都沉默了一小会儿，我在等着他的更多反应。

"嗯，语言真是好玩的东西。"儿子肯定着。

"确实，再来一个故事？"我特积极。

"好吧。"儿子这会儿挪了挪屁股，调整了一下坐姿，更挺拔了些。

"据说晚清名臣曾国藩有段时间是打一仗败一仗，有一次还差点丢了性命，他不得不向皇上禀告自己屡战屡败，请求处罚。曾国藩的幕僚李元度建议他把'屡战屡败'改为'屡败屡战'。皇上看后，不仅没责备曾国藩屡打败仗，还表扬了他。对此你怎么看？"

"屡战屡败强调每次战斗都是失败，让人觉得曾国藩不懂反思，不会用兵，不称职！屡败屡战强调的是对作战的勇气和忠于职守，不屈不挠！"

"太好了。你发现这两个故事的共同点是什么了吗？"

"说话时要注意用词顺序，是抽烟时祷告还是祷告时抽烟，是屡战屡败还是屡败屡战，顺序一变，感觉很不一样，一个找骂，一个得到表扬。有的甚至可能从被杀的状态转化为被赏！"儿子居然津津有味地总结起来了。

"对了，同样的词，顺序不同，竟会给听者非常不同的感觉。语言对听者的内心感觉有这样的影响，你就知道跟别人说话前，要衡量话语在对方那里有怎样的反应，会不会有很大幅度的反弹？"儿子点头称是。

你看这时儿子全部注意力都集中在和我讨论的同一话题上了。这就是我在为儿子接受我的信息或者"说教"所做的具体准备。

我开始和儿子切入我要讲的主题："刚才我们探讨的是我们的话对别

人的影响,事实上我们描述自己状态时所用的语言,也在影响我们的情绪!"

于是我跟他讲了前面提到的哈佛布鲁克斯教授的实验。

"所以我们要有意识地和自己讲让我们感觉好的话。比如你说我累了,这样的描述给自己的一定是消极的感觉。"

儿子笑了:"像不能说屡战屡败,要说屡败屡战一样,我不再说'我累了',我换顺序说'我了累'!"这小子什么时候都不忘幽默。

"其实前面故事的核心是:对一件事,一种描述让人失望,另一种描述给人力量,对吧?自己对自己的描述会让自己有不同的感觉,我希望你能找到既描述你的现状又能让你感觉好一点儿的语言,那应该是怎样的描述呢?"

"现在我的状态很糟糕,只剩下变好的可能了。"儿子开始积极互动了。

"我想描述自己状态时,最好不用负面的词汇,因为负面的语言本身让自己的心情低落。"

"我的身体过会儿会比现在好?"

"'我的身体过会儿会比现在好'与'我很累'相比,哪一个让你感觉更好呢?"

"当然是'我的身体过会儿会比现在好'啊。"

"嗯,不错,有进步!"

儿子有点得意了。

我这边大笑了起来,儿子看着我一脸懵。

"儿子,其实我感觉我比你有能量更年轻呢!"

"不可能!怎么讲?"

"你看你说'我的身体过会儿会比现在好',多么老态龙钟的安静啊?"

"哼,那你来个不老态龙钟的让我瞧瞧?"儿子竟开始挑战我了。

"我要跟自己说的话,会加点动态进去。"

"动态？什么意思？"

"我会说，'我得想点办法来让我感觉好'，听到这样的话，你感觉这个人是不是要采取些行动？说'我的身体过会儿会比现在好'，感觉人是陷在沙发里，空盼改变似的，而'我得想点办法来让我感觉好'，听起来是不是有点冲劲？"

我应该是说服了儿子，因为他给我的眼神是："别说了，我服了还不行吗。"

谈到这里时，离校门口还有100米左右，车也进入了排队大军，我很坚定地对儿子说："下去，在这下去！"

"为什么？"儿子不解。

"改变现状，要采取行动，动态动态！吸收点新鲜空气，清爽清爽去！"

儿子看看我，说了声"I love you too！"就下了车。

"I love you too！"是儿子配合我去做事的时候常会说的一句话。

车队慢慢前移，儿子走在我的前面，两次回过头笑着冲我摆手，我知道儿子情绪已经调动起来了，看起来也精神多了。

别人对我们说的话，会影响我们的感觉；我们对自己状态的描述，也会影响我们的感觉。我们确实是自己情绪的主人，我们可以指望自己让自己更快乐！

感悟

我们常为走不进孩子的世界苦恼，常为孩子不跟我们说心里话惆怅，尤其是苦口婆心给孩子讲道理，孩子不想听我们唠叨的时候，我们总是觉得孩子问题很重。其实我们要改的不仅是怎么说的技巧，还要帮助孩子准备好跟我们说话的心情！

第 4 章

给孩子多一点
尊重、信任和欣赏

1. 怕伤孩子自尊的话题如何处理

你遇到过把 5 分痛放大到 8 分痛的人吗？如果这个人是你的孩子，怎么办？

Timmy 小时候，就是个会放大痛感的家伙。

有时他在那儿喊疼，喊得惊天动地，但我观察他的走路姿势：身体是挺拔的，表情是平静的，看不见他皱眉咧嘴。我确信他是在夸大疼痛，并因此觉得他不够坚强，我心里自然不悦，而这种不悦会不自觉地挂在脸上。孩子和大人一样，是很容易读懂他人表情的，Timmy 认为我不在意他的疼痛，一委屈就越发夸张地喊疼。我心里更是怨他娇气，嫌他麻烦。

我一直不知道如何有效地处理 Timmy 放大痛感这件事。每次他喊痛，我都不能给予他想要的那份关爱，他因失望继续他的夸张，我因失望继续我的不悦。

关于 Timmy 放大疼痛这件事，我多次下决心想找他谈，可是，让一个人感觉自己被怀疑是很伤面子的。因为一直没找到妥当的说法，我也就一直没跟他谈。

直到父亲辞世时发生的一些事，让我认识到纠正儿子放大疼痛的必要，让我有了不说不行的紧迫感！

为了取得更好的效果，我没直接和 Timmy 谈，而是给他写了下面这封信：

亲爱的Timmy：

姥爷去世后，每当我难过的时候，你总摸着我的头温和地问我："妈妈，你还好吗？"真的让我感觉好温暖！特别是你和朋友一起出去玩时，也会记得打电话关心我，你的惦记和心疼让我非常感激！

今天写信是想和你说点儿姥爷的事，希望你多了解他。

姥爷一辈子喜欢说书唱戏，是个热爱文艺的人。在我们老家，农村人一年到头最重要的文艺活动就是扭秧歌，姥爷是秧歌队的耍公，耍公是秧歌队的灵魂人物，耍公既要带队，又要唱歌。

我小时候，每逢正月，公社里会组织不同村庄的秧歌队进行汇演，汇演的一个重要环节就是耍公唱歌比赛，唱的内容越应景越即兴越好。姥爷唱的总是最受欢迎的，因此每年他都会被选为公社汇演的总耍工。

正月里唱戏，姥爷是主角，同村外村的人来看戏，主要是想看姥爷演；说评书，是姥爷最拿手的事情，据说姥爷熟悉《三国演义》，就如同熟悉他的左右手。

姥爷是村里了不起的说客。他为人正直，是个十分公正的长者，村里有大的纠纷时，村民们会请姥爷出面来裁决。很多年前，有次村里发生了一起恶性事件，惊动了公安局，据说工作人员都毫无良策，最后是姥爷以村里长辈的身份出面，双方给面子，事情才得以解决。

姥爷还有一个特长，就是说话极为夸张。我一直觉得这和他说评书有关。

给你举个例子，你想知道姥爷怎么描述他在锦州火车站以及火车内的拥挤景象吗？

"那年我从锦州二姐家回来，到火车站一看，候车室里黑压压一片人，再看看列车时刻表，才明白火车马上就要开了，可我还没到检票口。好在我二姐夫认识车站的一个乘警。那乘警，我的妈呀，五大三粗，膀大腰圆！他听说我的火车再有5分钟就开了，是二话没说，拽起我的脖领子就跑。我是从别人头顶上像飞一样飞到火车跟前的。再说上火车,那哪叫上火车啊?我是被那乘警从窗户给塞进火车里的。进了火车,就别提有多拥挤了。这么跟你说吧,从锦州上火车,到桃花池火车站下车,连个站脚的地方都没有。这一路,那叫五六个小时,硬生生被人架在空中,脚就没沾过地儿。"

每当姥爷这般夸大事实时,总是逗得我们几个孩子笑得腰都直不起来。

姥爷这一特长在他疼痛的时候更是发挥得淋漓尽致。他年轻时,每次牙疼都要喊得惊天动地的。姥爷的嗓门不仅高,还非常清亮,没任何杂音。他那一嗓子"妈呀,这牙要了我的命啊,疼死我了!"左邻右舍都以为我们家出了大事了。

姥爷疼痛时总是这样,以致家里人逐渐习惯他喊叫的同时,也就不太把他的疼看得很重,因为实在无法判断他什么时候是真的疼,什么时候是在夸大感觉。

姥爷去世前,有时整夜地喊"妈呀,疼死我了"。他一辈子在疼痛的时候都是这样叫的,家里人实在拿不准他真实的疼痛程度,不知道他真像表现出来的那么痛还是夸大了痛感,有时还会让人觉得姥爷真不知道心疼照顾他的人。

姥爷突然去世后,家里人才意识到姥爷去世前的疼痛一定是真实的,但是因为没有人能确定姥爷疼痛的程度,因此无法按照他的真实感受去不同对待。有时大家会要求他刚强些。

如今回头看,姥爷一定认为大家在他万般疼痛时不心疼他,姥爷心里不知道该多难过。家里人现在也知道了姥爷去世前一定不是在夸大疼痛,为没有给他应有的关爱而追悔莫及,这是非常残忍的事情!

亲爱的 Timmy,你看如果姥爷平时没有随便夸大痛感的习惯,他一定会得到更好的照料,是吧?如果家里人知道怎么跟他沟通这样的事情,也许会帮助他改正自己。可是,我们都因为面子,没好好地和姥爷沟通过这事。

姥爷一定是带着感伤离开的，我们活着的人因为没能按照他的真实感受去关爱他，现在只好忍受遗憾之痛。

这就是我说的残忍。

如今，人已去，空遗憾，空眼泪。

Timmy，我希望你我之间不要有类似的遗憾，我们尽力想办法沟通，尤其是对我们非常重要的人和事。

谢谢你让我分享这个让我遗憾后悔的事情。再次谢谢你的爱！

爱你的妈妈

儿子读过这封信，敏感的他承认自己有时会夸大自己的疼痛，然而幽默的他这样表达："妈，现在我知道我对疼痛的夸张是来自姥爷的遗传！"

我告诉儿子，怀疑或者说别人装痛是很伤感情的，很难直截了当地指出来，因此姥爷一直继续他的做法，家里人一直背地里抱怨，最后造成人生莫大的遗憾。

给 Timmy 写信后没几天，他肚子不舒服。看得出，他在努力克制自己不去夸张，声音平静了许多。他还告诉我，他尽量想些别的事情，或读书来转移注意力。他不想像姥爷那样夸大痛感，以免人为误事。我感激儿子的变化，并告诉他因他的努力我更尊重他。

事件：孩子放大疼痛感	
不懂沟通时	懂沟通后
解释：故意夸大疼痛	解释：引领孩子怎样做才是正确的，这是我的责任和对孩子爱的表现
感觉：无奈	感觉：爱，有信心
行动：不说什么，心中抱怨	行动：写信，小心又真诚地交流想法
结果：孩子继续自己的做法，妈妈继续心中抱怨	结果：孩子领悟到自己要改正，紧密母子感情

感悟

不管多么亲近的关系,有些事会难于启齿。不沟通,双方互相埋怨;沟通,如果方式不对,双方互相伤害。多数时候大家选择闭口不提,闷在心里。写信不失为一个可选的办法,因为写信比说话更有助于你细致地琢磨语言。另外,采用旁敲侧击的办法,比如讲别人的故事,更容易击中要害但不伤人!

2. 面对孩子的进步，父母小心变成绊脚石

14岁的戴维，特别不爱讲话，看人时从来不敢直视别人的眼睛，话还没出口脸先红了。他给人的感觉是，不到不得已这人是不会开口说话的。

戴维爸读过我的书，他说他非常后悔对儿子的严厉管教，现在孩子学习没问题，就是胆小没自信，他希望儿子能够在我的夏令营里得到点拨，提高自信心，我也因此结识了看上去没有任何自信的戴维。

因为夏令营中的学生年龄差距较大，我让戴维做4个10岁左右小孩的小组长，他的主要任务是让组员们在规定时间完成课堂作业，有时还会带领组员们设计出有创意的产品、销售方案、营销计划等。

刚开始让戴维做组长，他说什么都不干，理由是自己不擅长讲话，没有领导形象。我敢肯定以戴维的性格，在他过往的经历中，可能连公开发言的机会都很少，更别提任何形式的领导经历。虽然现在只是让他当个小组长，但对他来说也是很有挑战性的，我得先帮他找到一个能担此重任的理由。

画云：戴维，我理解在大多数人眼中，领导都是那种很有威严的人，而表面上不爱讲话，尽量不抛头露面的人，好像跟领导无缘。可是据我

观察，你爱读书，做活动时你很有创造性，肯动脑，和爱说话的学生比，你做领导可能会遇到更多挑战，但只要你肯学，我们就肯帮你！

我曾经与两个同事马克和萨拉作为一个小团队一起工作，马克不爱说话，他有什么想法就告诉我和萨拉。萨拉就把马克的主意稍微整理一下，在会议上与大家分享，但从不提是马克的主意。我见证了马克被抢走劳动成果后的强烈不满。你希望自己做马克那样的人吗？

（戴维摇了摇头。）

画云： 如果你不想像马克那样，现在就要开始锻炼。

戴维： 我爸妈总说我太腼腆，他们说我从小就这样。

画云： 威斯康星大学曾经跟踪过70多个孩子，对他们成长过程的观察发现，一个人外向或内向的性格不是一成不变的，主要和父母的引导有关。如果父母经常让孩子接触陌生人，并在孩子面对不确定的环境时，给孩子以鼓励和帮助，孩子的表现会有很大的不同。得到支持的孩子，尽管腼腆，还是能放开自我的。

现在我、我的团队和你一起直面你的恐惧，你对不确定的担忧，如果我们不在乎你出错，我们全力以赴地支持你，你敢来做领导吗？

戴维（眼睛盯着地板）：嗯，我试试。

画云： 你觉得你会做些什么改变？

戴维： 想到什么就说出来，不再什么都不说。

画云： 遇到问题，找我和助教！

戴维 点了点头。

画云： 太棒了！还有，你要不断告诉自己，我拥有支持我成长的积极环境，我要在实实在在的实践中，锻炼我的领导才能。

这样的过程事实上是在重建你的大脑，改变你的形象，慢慢地你内心"我不行，我做不了这个"的声音会变成"我一定能行"。

戴维用心地听我说，看起来也有了一些信心，但对自己的能力还不太确定。

画云： 戴维，领导才能人人都有，我看你对人非常友善，你知道友善本身就是影响力，对吧？在我眼里，常常训斥、管制他人的人表现的并不是领导力，是脾气！能够帮助别人把他们的能力激发出来的人就是领导，我相信你会是个好领导！

（我试图让他明白他有领导力。）

画云：我给你4个班里年龄较小，行为举止都不错的学生做组员，你看怎么样？

戴维（抬起头，仍旧不看我，声音极小）：那万一有人不听指挥，我怎么办？

画云：你担心这个啊？我不是告诉你了吗，我和我的团队会帮助你的。如果你处理不了的话，你找助教海伦娜帮你，如果她也解决不了，我来帮你。在这个过程中，你就能学会怎样更好地管理组员。

"嗯，这样的话，就试试吧。"戴维似乎多了一点信心，但仍旧没任何把握地嘟囔了一声。

戴维组上有两个英文很好的学生，戴维操心少些，另外两个学生英文还可以，就是做事慢一些。

戴维看上去比实际年龄要大很多，和这几个孩子在一起，挺像个爸爸，而且是溺爱孩子的那种。我常看到他的组员们在做活动时，有的抱着他的腿，有的搂着他的腰，戴维总是面带一丝羞怯的笑。

戴维是平日读书特别多的学生，英文写作非常出色，给组员们改文章是把好手。他很有想象力，用我给的物料，常常和组员们设计出一些不仅看上去有创意，而且听起来很实用的作品。

他知道自己不擅言谈，所以在小组话剧中，他设计整个场景，给自己留一个戏份较少的角色，给英文好的那两个孩子稍微重要一点的角色，任务分配把握得很好！

戴维非常愿意听取组员的建议，组里从来没有纠纷，真的像一个爸爸领着4个年幼的孩子。

我看在眼里，赞在嘴上。

助教海伦娜特别心疼戴维，感激他做组长做得好，海伦娜曾花两个中午的休息时间给戴维做演讲指导。让戴维伸手动腿实在是不容易，在他的演说中加上必要的形体动作，让海伦娜费了很多的周折。

结营那天，戴维上台前，海伦娜特意去给戴维加油，戴维在台上面对100多人顺利地完成了演说。后来他告诉海伦娜和我："上台前心都快跳出来了，特害怕，后来 Ms. Lisa（学生们对我的称呼）特地来给我加油，我突然不紧张了，放松了，原来我也可以的。"

戴维非常腼腆，在别人眼里不是所谓的领导料子，但是，我和助教们看到的是：一个带着羞怯神情备受组员爱戴的学生领袖！

"原来我也可以的！"这是一句让我感动到流泪的话，也是学生说的最让我开心的话！这句话告诉我，孩子的能力是要挖掘的，孩子的精神是要被唤醒的！

我当时特别想让戴维的父母见证他的变化，可惜他父母因故都没能出席结业仪式。

戴维是那年整个夏令营中变化最大的学生，他的自信心有明显的提升。我非常骄傲地在电话里跟戴维爸汇报他儿子的变化，好希望他能够帮戴维继续保持这样的成长势头。戴维爸对儿子的进步也感到特别高兴。

不过，在对我和团队表示感谢之后，他没跟我继续探讨怎样继续帮助戴维培养自信，而是非常想让我从专家的角度客观地评价这个孩子。他明确地告诉我，优点和那些鼓励的话就不用再说了，他急切地想知道戴维的缺点是什么。

我差点疯了！

戴维胆子小，放不开，走路说话都小心翼翼地，根本不像是个孩子，我和海伦娜花了那么多时间，耐心地陪伴着戴维，看到他的点滴进步我们都欣喜不已，并把我们的喜悦及时地告诉戴维。我们细心地呵护着他领导力的提升，尽全力帮助他，他短短几天收获了那么大的进步。可他爸爸，不问我们是怎样帮助孩子提高自信心的，有哪些他能借鉴的办法，反而关心戴维的缺点是什么？！他是不是把挑孩子毛病，让别人也帮着找出孩子的毛病当作是他做父亲的责任？如果是这样的话，恕我不做这个帮凶！

我一定是疯了，我告诉戴维爸："戴维的自信心刚有些好转，请别再挑孩子的毛病了，别老是想着孩子应该改正什么，请一定要看到并鼓励孩子的进步！孩子的写作非常不错，整个期间他都认真帮助别人，他发挥自己的想象力和组员们出色完成每一项任务，他的领导力和自信心已经上了一个大台阶！我非常感激戴维的努力，现在是要挖掘戴维优点的时候了。请知道这是我对戴维的心疼。如果有谁需要改的话，我看应该是我们做父母的要改。"

我从没跟家长有过这般脾气。结营后，我陆续收到其他家长的信息，才发现何止一个戴维爸？！

在我近几年的一对一咨询中，我常会让家长说出孩子的3个优点和3个缺点。结果发现，90%以上的家长很难找出孩子的3个优点，但说到缺点，七八个都打不住。另外，说优点的时候语速很慢，说缺点的时候速度明显加快。

现在，请你放下手中的书，看看你对孩子的优缺点了解得怎么样？如果你说优点时语速很慢，或者想不出来的话，请马上接着读。

由于担心戴维刚刚树立起来的自信，很快被他爸爸"你不够好"的想法淹没，我决定和戴维的爸爸好好聊一次。

画云：当你害怕、焦虑、生气、压力大的时候，能集中精力冷静清醒地思考吗？和别人合作你能有新的创意吗？

戴维爸：会迟钝，平时得心应手的工作都会变得有难度。

画云：你开心时，对那些难度较大的事情，能高度集中注意力吗？

戴维爸：能，心情好的时候，做什么都不怕难。

画云：同意你的说法。你也认为负面情绪会把我们的注意力和聪明才智一起带走,是吧?

美国学者博亚特兹博士(Boyatzis)做过这样一个试验,他邀请了两组大学生,并给每组分配了不同的话题进行访谈。

第一组:
○ 大学期间非常好的经历
○ 10年后希望自己会怎样
○ 想在大学里学到什么

第二组:
○ 大学里感受到的压力和焦虑
○ 人际关系是否存在困难等

不难看出,第一组的访谈内容是积极正面的,而第二组的访谈内容是消极负面的。试验人员发现,在负面访谈中,受访者大脑中跟焦虑、悲伤情绪打交道的大脑区域非常活跃,而在积极访谈中,受访者大脑中跟快乐、正面情绪打交道的大脑区域很活跃。

我们大脑的司令部,大脑前额叶皮质,在负面情绪笼罩的时候,会受到压迫,很难发挥作用。

有了上面的了解,我给你两种同戴维讲话的方式,我们来对比一下。

第一种:戴维,听画云老师说,你是夏令营中进步最大的学生,她跟我说你的时候非常兴奋,我真高兴,你一定为自己的成就骄傲,快跟我说说你是怎么做到的?

第二种:戴维,听画云老师说,你是夏令营中进步最大的学生,不过她也说你的肢体语言还要注意,有些僵硬,声音没有多样性,听起来平淡无趣,行走的时候肩膀打不开,这些你平时得注意啊。对了,你准备怎么改正自己呢?

你觉得哪一种情况下,戴维跟你交流后,感觉不错,也能集中精力做事?

戴维爸:当然是第一种。

画云:他会跟你总结自己做得好的部分,这样会加深大脑对这些技能的记忆，今后继续发扬光大。而第二种主要说的是毛病，除了让他注意外，你没有给他具体的办法，对吧？

戴维爸： 对。

画云： 你可能想说，我总得提醒他做得不好的地方啊？

我认为提醒和给方法是两种效果。你提醒的事情是他已经知道的，你提醒后并不能得到改善。但如果你有方法帮他改的话，孩子才会有进步的方向和可能。

戴维爸： 明白了。我做了不仅没有成效，还让他无法集中精力学习的事情。

画云： 同情和理解会给孩子安全感，但当父母盯着目标不放时，会抑制理解同情孩子的大脑部分的活动。倾听能帮助孩子减轻负面压力，释放紧张情绪。我们给孩子再多，都比不上对他们的倾听和理解，让孩子更能体会到爱。

父母日复一日的正面和负面的反馈，一个拍背的举动，一句赞美的话，一个拥抱，一次训话，都影响着孩子对学习、对我们的感觉，进而影响孩子的行为。

戴维爸： 谢谢您！我和儿子都是您的学生！

感悟

和戴维一起成长的经历，让我更相信我必须提高自己，从而有能力唤醒我的孩子和学生体内的精神，帮助孩子们有更健康的自我形象，增强他们的自信心。

我曾经会刻意去找女儿的缺点，却没有帮助她改缺点的好办法，盯着缺点让她改，结果给她的是"我不够好"的感受和印象。其实挖掘女儿的优点，让她感觉到我为她骄傲，远比找她的错更能有效地助她成长。抓住孩子闪光或努力的时刻鼓励孩子，一定能成就孩子的自信！

3. 原来这样做父母是不及格的!

常有孩子父母给我写信,其中杰妈的信很有代表性,她给我写了很多"控诉"儿子各种不作为的信。

杰妈: 我儿子刚刚升入初中,生活上似乎已经不再需要我太多的照顾了,可他现在的行为和学习态度让我有点不知所措。

画云: 理解,孩子大了少了很多物质方面的照顾,但却需要父母花更多的心思去理解他们的内在需求,而内在需求不像衣食住行那样容易满足。

杰妈: 升入初中后,功课从三门增加到了七门,我不想给他额外的压力,就没多过问他学习的事,希望他能轻松愉快地学习。结果,前几天偶然给他作业检查,我发现他最擅长的英语,十道选择题竟然错了八九道,我一指出来他全都会做,我就火冒三丈大发脾气。从此我就守着他做,可他更烦了,不愿给我检查作业了。但是,家长不检查作业、签字,会被老师点名批评的。

画云: 我理解你的生气。看来孩子对那部分知识的掌握似是而非。我女儿小时候,遇到这样的事情我也一样发火,跟她讲大道理,结果总是不欢而散。后来我发现如果自己能心平气和地给她讲题的话,她会很高兴,也会配合。就像你想做好某件事,在不太明白的时候做错了,老板知道了，你希望老板帮你还是给你讲道理？

老师让家长签字是对的，但是让家长检查作业，这件事本身是值得商榷的。我儿子的作业我从来不检查，我只管签字。检查作业的事情，我让儿子自己做。

杰妈： 看了您的书，我学着您收获双赢的方法来对待儿子，还是有效果的，起码作业能按时完成了。但像政治这样的学科，思考题儿子全没做，我问他怎么空着，他竟然说不会！我说："到书上找答案，抄，总该会吧？"他说："那好，我这就去抄！"他这样一说，噎得我不知如何回答，感觉他是在跟我对抗，好像开始进入叛逆期了。画云博士，您能教教我这时该怎么做好呢？

画云： 你看你让人家抄，人家抄了，你又不喜欢。你跟人家赌气可以，人家跟你赌气，你就不干了，你说是不是？多霸道啊。

你看可否给他多种选择，孩子的事尽量让孩子自己想办法，好吧？

你试试对他说，"儿子，我上学的时候对政治课也不怎么感兴趣，所以很理解你，你看这样行吗……？"然后给出一些你的想法，孩子知道你理解他替他想，就会在意你的说法。

杰妈： 您说的我还没尝试呢，这不吃完饭他很不情愿地去写作业，边玩边写，我担心他玩手机，就时不时去他房间查岗，写到10点写完了，我就说赶紧把作业给妈妈批改签字，你去洗澡。

检查作业时我发现，很多题他是胡乱做的，我心里一着急就说："儿子，你连这么简单的都做错，在学校到底有没有听课啊？"我天天抓着他的作业，一题一题教他，他也自然而然地变得很不耐烦，有时会嫌弃我，不想让我检查作业了！这样恶性循环下来，有时老师在练习册上写着更正，他都不理不睬。看他这样，我一气之下打了他，后来我也后悔了！

前两天，我发现作业有问题，叫儿子过来一下，他长长地叹了口气，没好气地说："嗯，好啦，知道啦！"他爸一听，特别生气，随手就把他的试卷和作业给撕了："你妈辛苦教你写作业，你还嫌你妈，连最基本的尊重都没有，你读什么书？"

从那天开始，他爸就把他的零花钱给取消了，手机、电脑统统没收了。儿子自那天开始好像有心事一样，以前有什么还会和我说，现在什么也不说了，只会说"没怎么""不知道"。现在儿子总是一副无精打采的样子，在家里沉默寡言，对我一点好气都没有。

我前天找他谈心，他只简单地说他现在很压抑，怀疑自己有双重人格，心里很烦躁，还有就是和妈妈经常说不到一块。我一听心里更急了。昨天早上送儿子出门时，我抱着他说："儿子，对不起，妈妈让你辛苦了！"可他面无表情地去上学了！

画云： 在体会你歉疚的同时，我感觉到了你们夫妇对儿子的"恨铁不成钢"。儿子在你们的眼里都是问题。从儿子的情绪上看，他在家感觉不到爱。

细想想，别人做了不合你意的事情，你敢像跟孩子一样对别人动手吗？你敢像命令孩子一样命令另一个人听话吗？我们把不会对待其他人的方式都跟孩子用了。

而这个孩子，正是你想要他出人头地、想要他成功的人，可他的尊严从小就被你踩在脚下，他怎么能自信？虎毒不食子，不知道老虎在自己的孩子不听话的时候怎么做，但我们人类在孩子不听话的时候表现出的不理智，也许是所有动物中最不能被原谅的。

你看过我的书，你知道我曾有爱女儿的意愿，可是女儿没有被爱的体验，因为我爱的方式是错的。孩子能体验到的爱，一定是善良的，孩子感受到爱，才会更愿意配合。你可能说，你说的我都明白，可我孩子出了问题，我就是冷静不下来啊？到底怎么冷静啊？

这里给你几点我的想法，希望能帮助你在即将冒火的时候及时灭火：

1. 把孩子看作是别人的孩子！重新赋予自己一个角色，譬如孩子的姑姑或姨妈，只要不是妈妈，因为妈妈面对自己孩子的问题时很难冷静，但面对别人的孩子时就冷静多了，对吧？你跟你侄儿外甥不会有跟自己孩子一样的脾气吧？所以第一点是，把孩子看作是别人的孩子！

2. 面对孩子的不可爱行为，怎么还能爱他？这是我曾经非常困惑的事情。其实是我们没有分清出错的孩子本人和错误行为本身，我们把他们混在一起了，这就是善良还是粗暴爱孩子的分界点！

我女儿小的时候，我是个粗暴型的妈妈，我把注意力集中在她的坏行为上，用她的行为来定义她这个人，我把对坏行为的恶劣态度用来对待女儿这个人，曾经口无遮拦，说的话越是伤害她我越是解气。当我变成善良型妈妈后，我把注意力集中在爱孩子本人上，我会问自己，我该怎样解决问题来实现对孩子的言传身教，让孩子体会到爱？我该如何建造这个孩子，帮助她更成熟？

把自己的孩子当作别人的孩子，分清孩子和他做的事，有了这两点就容易冷静下来了，冷静的人建立的是和谐的我际关系。为什么说和谐呢？因为爱的意愿会通过正确的方式和方法来实现，从而达到善良地爱孩子的目的。

我际关系帮助我认识到，我和女儿之间的问题是因我的功利心和狭隘而起，说是教育问题其实是在为自己的不负责找借口！我的变化是通过认清我际关系来实现的。你的自我变化一定能够通过改善你的我际关系来实现。

我坚信孩子一定会变的！但先决条件是：你必须先改正。

杰妈：细细地读您的书和留言，决定彻底改变自己。长期以来，尽管我知道我的方式方法不对，但我安慰自己，我都是为了孩子好，因此放任了自己简单粗暴的行为。我没意识到我的做法给孩子精神上造成的伤害，忽视了对孩子的尊重。我现在和儿子说话前，总是先写下来，谈话时，把儿子当作我的外甥来对待，虽然很不习惯，但发现儿子跟我礼貌了不少，不那么看我不顺眼了，作业认真了不少，我彻底明白我必须先改变！原来我做妈妈是不及格的！

感悟

当父母不把手指向孩子而是向内看时,就会发现要改的原来不是孩子,要埋怨的不是外界,而是父母自己爱孩子的方式。方式改善了,孩子和外界就配合了!因此别再想着怎么改孩子,认真思考一下怎么改造自己。孩子有问题时,父母命令、管教甚至打骂,是粗暴的爱的方式,提高自己的修为、陪伴诱导孩子才是善良的爱。让我们一起善良地爱孩子,并让孩子感受到爱,做个合格的妈妈!

4. 我因强烈的好奇，错待了我的学生

9岁的珍妮是某年夏令营中最小的女生。小丫头聪明伶俐，文章写得条理清晰有画面感，声音悦耳表演上乘。珍妮不仅年龄最小，还是班中仅有的两个女生之一，常有男孩子说话不分轻重，她都一笑了之，用她妈妈的话就是女儿情商很高。妈妈希望珍妮在我的课程中受到更专业的训练，提高领导力。

在夏令营的课程里，有几节课是通过训练学生评价别人的演说，来锻炼领导力的。一个学生如果会评价别人的演说，就掌握了评价别人的技巧，无论是评价文章、表演，还是各种发言、行为等。平日在学校，你学会了给同伴提出建设性的意见，等走向社会时就有评价下属和同事工作表现的技巧。在家庭生活中，一个人如果会评价家人的劳作的话，会给家庭成员间的关系带来很大的改善。会评价别人的工作，对人际关系，包括亲密关系至关重要。这样的技巧越早学会越早练习越好！

评价别人的演说是我课程中很重要的一个模块。一般我在教授评价演说方法之前，会先让一个演说能力和自信心都很强的学生做演说，然后我会给出三种不同的评价方式，让学生们从中选出最好的评价方式并练习评价过程。

在珍妮的班上，我先让她演讲，计划在她讲完后，由助教来演示三

种不同的评价演说方式，然后让学生们明白评价别人其实是沟通技巧方面的活儿，不是想说什么就说什么的。

珍妮讲完后，我告诉学生如何评价他人的工作是有讲究的沟通艺术，我话音刚落，班上最爱学习，学习态度第一认真，脾气最温和友善的艾伦举手说他要先来试一试。通常在我让任何学生做评价之前，我会把每一个步骤讲得清清楚楚，然后才让学生开始练习。

可是，举手的是艾伦，他温暖的笑容，加上我对他善良品质的高度信任，我没纠结就同意艾伦来评价。

好嘛，艾伦把评价当作是批评，大批特批珍妮做得不好的地方，什么声音不够洪亮啊，什么眼睛只看着中间没给两边人注意力啊，等等。

我听着特不顺耳，很后悔没教评价技巧，就让艾伦评价珍妮的演说。不过，我也怀着侥幸心理想，也许艾伦会说一点儿珍妮做得好的部分。艾伦结束了评价后，我不但没及时讲解正确的做法，反倒是给自己带上了研究人员的帽子，我要抓住这个极好的机会，看看其他所有学生在从没受过专业训练时，会不会都跟艾伦一样评价珍妮，我对结果特别好奇。

好嘛，每一个上来评价珍妮的学生是一个比一个牛，大谈珍妮做得如何如何不好。要知道这帮家伙没一个比珍妮综合演说能力强的。

尽管我看到珍妮的头一直在往下低，尽管我注意到她的眼圈在泛红，因为我实在想知道是否会有人说一句好话，竟没顾及珍妮的内心感受，让没经过训练的学生们一个接一个来评价珍妮的演说。

所有学生讲完后，我竟因这帮家伙的做法和我预想的差不多而稍有得意，"得意"让我更加"弱智"，你能猜到我说什么了吗？我居然告诉大家："我真的很高兴我不是珍妮，换了我，我现在可能是在大哭！"

这时所有人都把目光投给了珍妮，我注意到原本让珍妮双眼发红的泪水一下子成了泪滴，天啊，等我明白过来时，珍妮那大大的断了线的泪珠子掉在脸上，掉到衣服上。

我迅速地调整思绪，说了几句关于提供反馈重要性的话，就急忙把珍妮带到另一个房间。

看着被我惹哭的珍妮，我突然成了一个做错事的小学生，等着珍妮发脾气，甚至有等待被她教训和发落的感觉。一时间我真的不知道怎么安抚珍妮。要知道小珍妮刚刚不仅遭遇了语言的枪林弹雨心灵受了伤，我还在伤上撒了盐。

"珍妮，你知道我让每个人都来给你反馈，只是为了教学目的。"珍妮使劲儿眨了几下眼睛，尽力抑制眼泪，表示她是在认真地听我讲话，这让我平静了许多。

"通常我会事先告诉被评价的人做好思想准备，因为很多人会把评价当作纯粹的批评，可是今天我给忘了。"珍妮好礼貌好认真地看着我，我接着解释："在讲解提供反馈意见时，我通常选择班级最好的学生做演讲，然后让同学们给反馈。现在你知道在我眼里你是这个班演说做得最好的学生！"

珍妮的眼神里闪过一丝兴奋，盯着我有些不好意思地说："嗯，老师，我哭不是因为别的，是因为我自己记的不太好，因此我说的时候不太流利！"这小丫头这是什么水平的情商啊？这样的时候还记得给老师面子啊！

拉起珍妮的手，我俩回到了课堂。

我向同学们跟向珍妮一样解释了整个过程，讲解了正确提供反馈的讲话方式，并正式地向珍妮当众道歉。我和学生强调：不管我们为了怎样的理由，让一个人挨"群起"语言攻击，忽视他的情感，都万万不可取。

人都在意别人的评价，别人也一样在意我们的评价，我们的评价对别人的影响其实远超过我们的想象，要不怎么会有"人言可畏"的说法？因此，有技巧地评价他人的劳作是一定要学会的沟通技巧，这技巧像吃饭睡觉一样的重要！

我真诚道歉的效果是始料不及的，学生们也开始跟珍妮说对不起。

珍妮妈妈来接她的时候，我汇报了课堂上的情况，好好地检讨了自己，并向她们母女道歉。珍妮的妈妈，一位成功的商人，感激我通告课堂情况并宽容了我！

因为我真的很懊悔让小珍妮受屈，就和朋友一知聊了这件事。

不过我的良师益友，一知，帮助我看到这件事还有另一个侧面，让我释怀不少。

一知认为："世事均有两面，包括你在学生们面前一不留神暴露出的粗心大意，让珍妮这朵小嫩花承受一点课堂风雨。粗心大意怎么不好了？风雨交加又怎么不好了？社会原本就不是温室，世人原本就很少宽容，你何必苛求自己永远和善、一贯正确？你的'后悔事件'恰恰给学生们提供了如何应对'和善与正确'之外的情景。这不是狡辩，而是一个值得思考的切切实实的教育方针问题。"

读过一知的话，我就开始思考：如何设计一些小小的挫折，让我的学生们锻炼心灵肌肉呢？！

感悟

· 不管对方是谁，我们都要在意我们的言语和行为在对方那里转化为怎样的感受！

· 像要孩子们身体上经风雨一样，也要他们的精神在安全的情况下经风雨，从而帮助他们更了解世事，这是值得我们思考的教育理念！

5. "你是长辈，就可以这样管我吗？"

看到题目，你一定猜到这是一个孩子的抱怨，你猜对了。

说这话的人是佳姞，我认识她的时候，她17岁。给我写信的时候，她刚刚过了18岁的生日。

分享下面这封信的主要原因是，佳姞说出了很多孩子的心声，这对父母了解孩子被管制后的内心，有实实在在的帮助。因此，佳姞的信我只改了几个错别字，原文如下：

老师：

今天我想跟您聊些其他的事情，最近真的很困扰。各种小事积攒在一起，滚雪球一样越滚越大，我都快疯了！

事情是这样的，我妈和补习班老师一直管着我，让我感觉无敌厌烦，我是那种逆反心理非常强的人，就是如果你非常强硬地让我干什么，我就偏不干什么。我就觉得你凭什么这样管着我。我知道他们是为我好，快高考了，他们也为我着急，可我就是很讨厌这样，打心底觉得讨厌。

我妈还让补习班老师晚上把我手机带走，我觉得很不可理喻，不知道她在想什么。我妈越不让我玩手机，我就越想玩。都说得不到的永远在骚动，她不让我玩手机，我就偷着玩，不让我干的事情，我就想方设法地去干，我确实不是一个很自律自觉的人，需要别人监督。但我觉得他们的方式不对，我现在每天憋着火气和心底的烦躁在学习，最悲观的时候我甚至，想着要跳楼，我想我要是这次考不好真的去跳楼算了。

这周四我成年了。周四晚上，我约了朋友一起庆祝，我妈和补习班老师再三强调让我八点前回去，和朋友吃完饭才六点多，我们打算去唱歌。我妈电话打过来问我在哪里，我说在KTV，她就很生气，我都不知道她在气什么，她说你去唱什么歌？！我说我们就唱一个小时啊，她说反正你八点前一定要到！我说知道了，但是就觉得很烦。

虽然不是什么大事，但我就是觉得很不爽，我就觉得我答应八点前回去就会做到，时间还早，我去唱个歌你凭什么还管着我？反正这个生日过得很不开心，非常不开心，超级无敌不开心。

还有，白天和补习班的老师发生了矛盾，起因是我中午和朋友约了吃饭，结果老师故意为难我，给我布置了一大堆作业，一定要我完成了才能走，我很生气，却又无可奈何。憋了一肚子火，跟朋友说约不了了，朋友连连说没事，可我心里很难受。

下午没有上课，写作业心里也很烦躁，我本来脾气不好，可是在那个老师面前，发火也没用。他很倔，只按自己的想法来，我想找他谈判，可是他的态度让人很恼火，我又没耐心，对话根本无法进行下去。这样的事不是第一次，每次都是不欢而散。我觉得他的教育方式有问题，上次跟他说："你这样管我根本不能让我服气，你这样是有问题的。"可是他却说："我不需要你服我。"于是我又一肚子火。想想就感觉很憋屈，是一种很生气很生气但又只能憋在心里，同时觉得很憋屈的火气！！啊啊啊啊啊啊啊啊啊啊气死我了！！！

我真的非常讨厌别人威胁我，这老师之前还让我妈别给我钱，反正就是在我面前搞得他说什么就是什么一样，我就觉得非常不爽了。好几次我都想骂人，每次话到嘴边硬生生憋回去，自己出去冷静。我知道我要是骂出来，话肯定很难听，谁听了心里都不会舒服，我真的特别暴躁，就是很想砸东西的那种，每次他们都觉得我那么看得开，过一会自己就好了，就又笑嘻嘻的了。

他们都觉得我平时看起来特乐观，什么事都不放在心上，也不会难受，但是谁都不知道我晚上一个人偷偷哭过好几次。我就感觉很无奈很无助，我不知道怎么跟他们说，或许说了他们也不会当回事，就觉得小孩子闹脾气，等一会自己就忘了，但其实不是这样，我有种找不到出路的感觉，感觉周围的人都不理解我。

还有一件事，让我很不舒服，昨天晚上我妈接我回家，等红绿灯的时候，旁边有一辆车，里面有个人在抽烟，手伸出来弹烟灰的时候，我妈说看起来像个女人的手，然后说怎么一个女的烟瘾这么大。后来绿灯了，那个人把烟头扔出窗外，踩油门走了，我妈就说这人没品德，说她不优秀。

我说她把烟头扔出口窗外只是行为不文明而已，你怎么知道别人就不优秀呢？我妈又说一个人要是优秀的话，各方面都优秀，我不想跟她争执，就没说话。心里默默想，那你有时候还随地吐痰呢，我也说你没品没德吗？

这就是为什么有事情我不愿意跟他们说的原因，三观不同。每个人都固执己见，说出来只有争执吵架，我还不如自己憋着。就这样，心理上的距离越来越远。我有个朋友，她妈妈有什么事情都跟他说，关系很亲近，我超羡慕。但我妈就什么都不跟我说，她自己有什么事情都憋着就算了，就连有时候我妹在学校干了什么事她也不让我管，说我不用知道，我难道不是这家里的一个成员吗？我都不知道家里现在是什么情况，让我很郁闷。

我知道她的出发点是让我不要想太多，一心扑在学习上，唉，我也不知道这样到底是让我想的更多了，还是真的减轻我负担了。

我现在就喜欢一个人待着，累了就关上灯听会歌，一个人特别舒服。我以前喜欢热闹，忍受不了孤独，但是他们现在这样管我，真的不如就让我一个人待着。我听到他们的声音就感到厌烦，有时候打心底觉得恶心，我从来没说过，平时也都笑嘻嘻的，因为我觉得把负能量带给别人不好。

  有什么事情我都憋着，但是真正一个人待着的时候，那些让我感到烦躁的事情从心底涌出来都快把我吞没了，我确实烦得不行了，我感觉他们在控制我，我很讨厌这样，我就是不想按照他们说的来，以至于现在演变成他们说什么我都下意识反驳，一点儿都不想听，我就是不喜欢他们说什么我做什么，像个木偶一样，他们为什么要这样管着我？！

佳姞

  佳姞的妈妈是个控制欲极强的人。为了说服她让佳姞自己控制自己的时间和生活，我跟她介绍了美国心理学界的一个试验，最终使她放手让女儿安排自己的时间。

  研究人员先找来一群老人，然后把他们分为两组。第一组中的老人能做的事情都尽量自己做，自己选择吃什么，每天做什么活动。第二组所有事都有专人来管，老人不必为任何事操心。

  过了一段时间后研究人员发现：第一组老人很开心，第二组老人认为生活很没意思。

  这个试验告诉我们，一个人能否控制自己的生活关系到这个人是否快乐。

  我告诉佳姞，高考在即，她要把自己的情绪和时间管理好，用最适合自己的方法做对自己最有益的事，让妈妈为放手而放心。佳姞妈妈也建议老师对佳姞放手。

  为了明白长辈放手对佳姞的影响，我们有过这样的对话。

  佳姞： 原来他们总是要求我这啊那的，现在不要求了。

  画云： 所以原来你干活，好像是给他们干，现在不一样了，对吗？

  佳姞： 是的，我觉得整个人都放松了。我自己给自己定量。

  画云： 你感觉自己控制后，完成的量有没有多于他们要求的量？你心情舒畅轻松了吗？

佳铭： 我没认真地计算过，但我写作业时的心态好了很多。

画云： 原来怎样的心态，现在又是怎样的？

佳铭： 原来赶紧写，要是写不完就感觉完蛋了，一定挨骂，每天都不带脑子学习，而是在应对大人的要求。现在我自己安排时间，感觉学进去了，学到东西了。最近一次学校的模拟考，成绩好了很多。

画云： 妈妈不再大包大揽，你跟妈妈说话，是不是少了点儿障碍？

佳铭： 是，我们交流学习方面少了，生活方面多了。

画云： 感觉跟妈妈更亲了，是吗？

佳铭： 稍微好些。

画云： 我是妈妈，对妈妈的心思了解得多些。因为是我让你妈妈给你更多的自由，这里请你帮个忙，请你跟妈妈说，现在精神上轻松了，学习上更抓紧了，学习效率也提高了。我知道你妈妈的纠结，不说你怕你不抓紧，说了又担心你烦。你知道吗，你妈妈真的挺了不起的，能放手！那一次我和她谈了很多，我强烈要求她放手，因为你再有几个月就上大学了，妈妈一定得给你自主的机会。你答应我一定要告诉妈妈你的变化，感谢妈妈在你最紧张的时候给你这样的信任。在这个世界上，妈妈最爱你，妈妈在方法上可能让你不舒服了，但她的出发点是最好的，你要感激妈妈的放手。这是我给你的作业！

佳铭： 可是我不好意思讲出来啊？

画云： 可不可以给妈妈发信息？

佳铭： 也觉得不好意思。

画云： 东西方的差别实在是太大了。我们华人不愿意明确地表达爱，我跟我的孩子能说我爱你，但跟我妈妈也说不出口，但你一定得让妈妈知道你很爱她。另外，你生命中和妈妈朝夕相处的日子会越来越少，很希望你珍惜世界上最爱你的人。什么样的方法能让你更好地表达对妈妈的爱呢？

佳铭： 不知道啊。我一般都是开玩笑时跟她说"爱你，老妈"。

画云： 那给妈妈发个信息，就说"很感激你管我少了"，这样行吗？

佳铭： 或许吧。写这些妈妈会觉得奇怪。

画云： 是吗？那你看这样行吗？你写"我刚才精力特别集中，这和你放手让我自己管自己有很大关系，很感激，谢谢妈妈！"这样你有理由给妈妈，另外消除妈妈对你放手的纠结。

佳铭： 应该可以。

画云： 你有过这样的经历吗？一个朋友认为你很大气，你在那个朋友面前一定表现得格外大气些，尽量不做小气的事情。或者你朋友认为你笑起来特别纯真，你在那个朋友面前就笑得格外爽朗。心理学上说，人都是按照别人对他的期待来表现自我的。所以感谢你妈的另一个好处是，她放心地对你会更放手！

（我和佳铭哈哈大笑起来。）

过了两个星期。

画云： 你写作业比以前专心了许多是吗？

佳铭： 是，补习班老师也很少找我谈话了，数学老师和英语老师都跟班主任夸我认真努力，班主任也开心多了，不再像以前一样总是盯着我。我终于对自己的生活有了掌控感。

画云： 你的开心让我也很开心。

感悟

为人父母师长，都希望孩子或学生能按照我们设定的路线，听话地一步一步地走，我们似乎忘记了孩子是有自主意识的人。而自主意识是上苍赋予人的本性和权利。为自己做主，是人尊严的一部分，没有人愿意被他人管制。因此，我们要早早地让孩子实践自主的过程，早早地让他们踏上自己的生命之路！把自主的权利还给孩子！

6. 孩子的问题让孩子自己解决

平日里,你会大包大揽替孩子做各种决定吗?比如孩子该睡觉了、该刷牙了,该这样想那样做了?孩子有什么事一定得你提醒了才去做吗?

儿子Timmy10岁前,洗澡这事儿,常让我皱眉头。提醒了,小伙子就洗,不提醒就忘,在洗澡这件事情上始终没养成好的习惯。

我那会儿一想起这事就不舒服,一不舒服说话的口气就变成了命令:"你又有两天没洗澡了吧?!马上洗去!你都多么大了啊,怎么洗澡这样的事情还要我来提醒呢?!"

我什么时候想起来就什么时候唠叨他去洗。有时睡觉前想起来了,我催他去洗,结果他洗完马上就睡觉,第二天起来头发都是竖着的。几次过后,再让他晚上洗澡他就不干了。每每这个时候,儿子都会嬉皮笑脸地告诉我第二天早晨一定洗。可到了第二天一早,他又想赖床。

在Timmy10岁后的一天,我决定负责催他洗澡这工作我必须得辞职了,洗澡这事儿一定得交给他自己管理了。

但我觉得这件事情还是要在不伤和气的情况下来谈。不久后的一天,我俩正在说笑,我突然话锋一转:"Timmy,有件事我要正式向你道歉。"

"道歉？怎么了？"Timmy 感到非常意外。

"我发现，这些年我总是告诉你什么时候应该洗澡，这样私人的事情，妈妈真的不该指手画脚，因此我向你正式道歉！从现在起，我把这个权力还给你，怎么样？"

儿子看看我说："太好了，这事就这么定了。嗯，不过，你放心吗？"

"放心！那大主管准备怎么管理洗澡之事呢？"

"请让主管大人歇息片刻好好规划一番。"然后儿子装模作样地分析起来，"嗯，这晚上洗澡嘛，不用电吹风吹干的话，睡一宿第二天去上学头发就乱蓬蓬的。你知道吗，我们班那帮丫头一看到我的头发竖起来，就一窝蜂地来抓着玩，搞的很多男同学最恨我晚上洗澡了。本主管决定不在晚上洗澡。可早晨洗澡太难了，我实在是不想早起来，早晚的时间对我都不合适。"

"看来正常人洗澡的时间，主管大人都不能洗啊，太愁人了！"我尽量显得轻松有趣，谁让我从管理他洗澡的位置辞职了呢？

Timmy 没理我，拿出手机："每天下午 4:45 提醒我洗澡！"人家在手机上录音定时！然后转向我，像分享一个信息一样："我每天 4:45 放学回到家，稍微吃点东西就去洗澡。"

我心想："你这时间不上不下的，亏你想得出来！"刚要提意见，可转念一想："只要他洗，我为什么非要在意他到底什么时间洗呢？只要他洗，就好；只要这件事今后他自己来管理，就好。"

就这样，儿子在闹钟的提醒下，每天放学回家就洗澡，后来又改为早晨起来洗。总之，洗澡的事情已经完全由他自己接管了，我再也不用操心了。

孩子解决自己的问题，有时会比我们想象得简单多了。

有一次，我的朋友 BJ 带一双儿女去教会参加圣诞聚会。晚饭前，8 岁的儿子牛牛整理东西时，发现老师给他的两支铅笔只剩下一支粉色的了，黄色那支不见了。牛牛正着急呢，无意中发现一个五六岁的小姑娘手里握着的正是他那支黄色铅笔。牛牛马上告诉了爸爸BJ，爸爸不希望牛牛硬从小姑娘手里拿回来，就对牛牛循循善诱："你是大哥哥，应该让着小妹妹，在教会里更是要讲究爱和奉献。明天爸爸给你买更多颜色的笔，好不好？"看到爸爸坚决的样子，牛牛委屈得一直流眼泪，但还是答应了爸爸。爸爸当时觉得牛牛特给他面子！

吃完晚饭，BJ和其他人聊天，没怎么关注孩子们的活动。回家的路上，BJ一眼瞥见牛牛手里攥着的黄色铅笔，眉头一皱就开始责备："不是跟你说好我再给你买新的吗？你怎么……"没等BJ说完，女儿妞妞打断了他："爸爸，我们跟那个小姑娘聊过了，我们问她是不是特别喜欢那只铅笔，她说不是，只是那会儿没事做觉得无聊，就顺手拿起那支笔想画点什么，当时旁边没人也不知道该跟谁说一声。她知道铅笔是哥哥的之后，就直接还给哥哥了。"

BJ后来告诉我："我当时认准了黄铅笔是牛牛要回来的，太小气。实在没想到孩子们会通过这样的方式自己解决了问题。我这成人的惯性思维，差点让我冤枉了牛牛。"

BJ醒悟般感慨道："看来真应该放手让孩子自己去解决问题，人家做起来好像也没有我想象的那么困难。我以后得少掺和，相信孩子的能力！"

BJ说的少掺和，倒还真的帮到了我。

有一次课堂上我给学生们分发了一些报纸、纸壳、胶布、乒乓球等原材料，要求学生们分小组合作"制造"出一个产品，然后每个小组选出一个人来卖他们的产品。桑妮和亚尼卡这两个二年级的小姑娘被分到了同一个小组里，产品"生产"出来了，她们两个都争着要卖，谁也说服不了谁，就来问我怎么办？

如果你是这两个小丫头的老师，遇到这样的事情你会怎么办呢？

她们找我裁决的时候，我刚好在给一个学生补课，忙得顾不上她俩，不过我想到了牛牛要回黄铅笔的故事，就决定让她俩自己想办法解决这个矛盾:"你们俩在我眼里都非常聪明懂事,这样的事无须我帮忙,我相信你们可以用你们的智慧来解决,争取双赢!"

两个人无奈地对望了一下,两双大大的失望的眼睛看了看我,没精打采地回去了,边走还边吵着让对方放弃发言的想法。

不一会儿,大家开始卖东西了,每个组按我规定的选出一个人讲自己小组的产品如何独特,轮到两个小丫头那一组卖"产品"时,俩人手拉手笑呵呵地一起上来了,可我的要求是一个人啊,这两个人怎么卖呢?

我完全忘记了我的规定,好奇这俩人会唱怎样一台不按规则的戏!没想到,这两个人分工明确,一个展示产品,一个叫卖,然后两个人再互换角色,交换产品的档儿,两个人的眼神交流中是鼓励、信任和对对方的满意。我这个做老师的深受触动,这两个小丫头多么智慧啊。她们教给了我矛盾处理的方法,与人相处之道!

事件:孩子想法和父母老师不同时

解释:锻炼孩子自己解决问题的机会,允许孩子自己想办法,不再替孩子做决定

感觉:开明

行动:支持孩子的做法

结果:孩子找到适合自己的解决方案,皆大欢喜

感悟

作为父母和老师,不知道谁赋予我们比孩子有智慧的特权,我们总是不自觉地给孩子们出主意,如果孩子不按我们的方式做,我们就给他们贴上叛逆的标签。从读完这篇文章开始,下次孩子再有不配合的时候,我们是否可以这样想一想:

- 可能他们不太明白成人的逻辑；
- 我们真的不一定比他们聪明；
- 孩子的生活终究要自己过，趁早放手让孩子决定自己的事情。

7. 为什么孩子会"屡教不改"

因为孩子不刷牙、不洗手、不叠被子,你可曾这样唠叨过:"这事我都跟你说过多少遍了?你是当作耳旁风了,还是没记性啊?"是不是不管你怎么唠叨,孩子就是倔强不改,你气得恨不得给他两巴掌?

有一次,朋友粒粒很不好意思地跟我求助。她说儿子都12了,可房间乱极了。牙膏用了从来不拧盖,废纸随地丢,怎么说都没用。粒粒说她也不愿意再跟儿子一遍遍唠叨,昨天就给儿子发了短信,结果儿子干脆不跟她说话了。

我问她短信上说了什么?粒粒说就是把平常跟他说的话敲成文字发给他了。

"小子,你的房间太乱了,书桌上的面包片都长毛了,垃圾桶里味道难闻死了,我恶心得要吐了!今天放学后你必须打扫卫生,不然休想玩游戏!"

我一听,告诉粒粒,这样的短信,儿子不用细读,扫一眼都觉得添堵。

粒粒问何以见得,我给了她下面一组词,让她扫一眼,感觉一下?

| 美丽 | 漂亮 | 开心 | 清爽 | 高兴 | 快乐 |
| 兴奋 | 舒心 | 阳光 | 青翠 | 美妙 | 大气 |

音乐　　歌声　　精彩　　端庄　　秀丽　　青春

粒粒说看了觉得挺舒服。

我又给了粒粒另一组词，类似她给儿子的短信中用的词。

丑陋　　愚昧　　诽谤　　嫉妒　　欺骗　　贪婪
狡诈　　恐惧　　疾病　　痛苦　　悲哀　　欲望
邪恶　　战争　　杀戮　　死亡　　偷盗　　凌辱

粒粒看后说心里有点发堵。

我让粒粒再看看她给儿子的短信中用的词：

太乱　　长毛　　垃圾　　难闻
死了　　恶心　　要吐　　休想

我问粒粒："现在你知道为什么儿子火了，对吗？"

粒粒惊讶于文字带给她的不同感受，这难听的字词不仅刺耳也会刺眼！她也明白了为什么儿子看了信息会不舒服！

不过我又告诉粒粒："别急，我儿子这个年龄时也差不多！"

粒粒有些迫不及待："快快快，告诉我你是怎么管儿子的？"

我问粒粒："你用家长的权威训斥威胁不管用后，有没有给儿子做示范，边叠被子边无奈地告诉他'被子应该这么叠'，让儿子照着你的样子叠一遍？"

粒粒开始摇起头来，你知道有种摇头意味着"你太理解我了"，对吧？粒粒嚷嚷："快说吧，你到底怎么做的？"

"我求来的。"

粒粒说："我也求过啊，还是你儿子心软！我儿子犟，不好使！"听她这么一说我不服气了，咱用的是技巧，怎么她把功劳给了我儿子呢？我就问她："你怎么求的？"

"那还怎么求啊，我就说：'小祖宗，求你快把房间收拾收拾吧！'我一央求儿子更烦了！"粒粒挑战似的说："出招吧，让我看看你求的花样是怎么长的？"

我开始跟粒粒分析，房间乱对我们父母来说是好大的事。可儿子待在小狗窝里舒服着呢，整理房间不是他着急要解决的事。对他来说，家里家外形势一派大好，不舒服的是我。所以"房间乱"这事，问题的拥有者是我不是儿子。但谁能解决这事呢？是儿子！那你说谁求谁吧？

粒粒点头有点儿慢："敢情这房间乱还成了咱们的问题了？"粒粒一定是在处理着这概念的颠覆！"那你具体怎么和儿子讲的？"

我告诉粒粒，我和儿子的对话是这样的。

"儿子，房间舒服吗？"

"舒服啊，你问这干吗？"

"是这样，我知道你舒服，没问题，可我每次看到你这房间，总是觉得乱。"

儿子给了我"你怎么又来了"的目光。

"我知道房间乱对你不是问题，对我才是，帮个忙，把房间整理一下好不好？"

儿子斜着眼看我："嗯，这次态度不错，还承担了责任，我考虑考虑！"

"你同意帮我了？"我继续示弱。

儿子看着我说："别可怜兮兮的了，我收拾不就得了。"

儿子还真开始收拾了，虽然收拾的远远没有达到我的要求，不过我决定珍惜他的劳动成果，感激他帮了我的忙，不看他收拾得不如意的地方。

慢慢地儿子房间中让我满意的面积越来越大了。

粒粒一听特别高兴，说也要跟儿子试试！粒粒说儿子不愿跟她说话，她还是得发信息，但文字上会注意，不再给儿子添堵。于是粒粒把我和我儿子说的话，用文字发给了她儿子。

"我知道你在房间舒服，没啥问题，是我，每次看到你房间，总是觉得乱。我知道房间乱对你不是问题，可对我是，帮我个忙，把房间整理一下好不好？"

粒粒说短信发出去，儿子还是不理他，不知道什么地方又不对了。接过粒粒的手机，看过信息，我告诉粒粒我知道问题出在哪里了。我开始用不同的语气读粒粒给她儿子的信息。

一种是粒粒的本意（妈妈是温柔的）："我知道你在房间舒服，没啥问题，是我，每次看到你房间，总是觉得乱。我知道房间乱对你不是问题，可对我是，帮我个忙，把房间整理一下好不好？"

一种是儿子的理解（想象中妈妈抱怨的口气）："我知道你在房间舒服，没啥问题，是我，每次看到你房间，总是觉得乱。我知道房间乱对你不是问题，可对我是，帮我个忙，把房间整理一下好不好？"

粒粒一听又错了，真的是一筹莫展。我建议粒粒还是当面和儿子聊，儿子听到妈妈的语气反应会不一样。

两天后粒粒又嚷嚷上了："当面和儿子说了，不管用。儿子说我好烦。"

我问粒粒："你什么时候和儿子提的这件事？"

"他要睡觉的时候。"

"你的表情怎样？"

"我的表情？你问这干吗？"

"一定有关系的，你说吧！"

"嗯，我当时一定是皱着眉的。"

我建议她拿把椅子到镜子前，她就抗拒："你可真麻烦！"

我这儿也急啊："想让儿子房间干净吗？如果想搬椅子去！"

粒粒让我继续时，我告诉她："先站在椅子旁，双手交叉放在胸前，跟椅子说话。然后再换个姿势，把一只手放在椅子背上，弯下腰抚摸着椅子，满脸挂着母爱再开口说话，感到不同了吗？"

"哦，是不一样，上次整砸了！"

"明白了吧？跟孩子说话时要注意语气、态度和形体语言！"

粒粒要求我在电话里给她当儿子再演习一下，她说："很少跟孩子这样讲话，实在是不习惯！"

粒粒正式和儿子说之前给我发信息说:"好担心又搞砸了,和儿子说话还从没这样紧张过。"

我回她:"请儿子出去吃饭,在轻松愉快时提起,加油!"

粒粒和儿子在星巴克边吃边谈,和儿子提到房间乱时,才明白这件事儿子确实不在意,只不过是她的心病。她惊讶地发现,自己因不再强势整个肢体都温柔起来,也因跟儿子示弱感到内心的强大。儿子保证回家后给她一个整洁的房间,粒粒也学会了鼓励,跟儿子就房间乱这事有了顺畅的交流。

事件: 孩子房间乱,屡教不改	
消极的我际关系	积极的我际关系
解释:孩子太懒不收拾	解释:孩子房间乱,对孩子来说没什么,是我不习惯,接受观念上的颠覆
沟通的重点:孩子的问题	沟通的重点:妈妈的问题
感觉:无奈,无望	感觉:平静
行动:指责孩子	行动:改变自己的说话方式,包括声音和动作
结果:母子互不理解,房间依旧脏乱	结果:问题得到缓解,感情得到加强

感悟

我们做父母的,喜欢盯着孩子的问题,并凭借家长的权威发号施令,结果孩子屡教不改,怎么跟孩子交流屡教不改的事情呢?

1.承认父母是问题的拥有者,孩子是解决者;

2.跟孩子沟通时,要考虑时间、地点,要特别注意怎么说孩子才听得进去,让语气态度、语音音调和肢体语言来帮助你,准确地表达心愿;

3.鼓励并感谢孩子为改变所做的努力。

8. 为什么父母磨破嘴，孩子就是不行动

"我要做，让我做！"这样的喊叫声充斥着某年我在达拉斯夏令营的课堂，央求的男孩叫埃德，11岁。埃德有多动症，课堂上，他愿意做的活动要是让他等别人做完再做的话，他就挥舞着手，连喊带叫地吵闹。埃德带牙套，口齿不清，班上的学生们喜欢拿他开心，他自己好像浑然不知。

上课时，不管大家在做什么，埃德想走到哪儿就走到哪儿，想跟谁说话就跟谁说话。他还总是弄出声响吸引别人的注意力，在桌子上摔橡皮，把铅笔向空中乱抛不管砸向谁，有时玩空水瓶子，有时又跑到桌子下面松螺丝，没消停时候。我制止他时，常有调皮的男生向他竖起大拇指，埃德一看到同学竖大拇指，就笑嘻嘻地说"谢谢！"。

埃德让我明白了什么叫"活在当下"，课堂让埃德搞成了他玩耍挨批评的地方。

我非常珍视学生的时间，我制止埃德是在浪费所有学生的时间，但不制止他也是在浪费所有学生的时间。夏令营刚开始的两天我还算有耐心，后来埃德屡教不改，让我完全忘了我出过沟通方面的书，完全不记得我是很多人眼中的教育专家。每次埃德不按常理出牌，我就非常不耐烦地叫停他，跟他说话的声音越来越大，有时恨不得羞辱他几句解气。

当然，我没那么做，不过我承认埃德把我最坏的那面给挖了出来。

有一次，埃德在所有人都聚精会神写文章的时候，非要看约翰写了什么，约翰不让他看，两人撕来抢去搞得所有学生都不能安心做事。我制止无效后把埃德带出了教室。

瞧着埃德没有丝毫愧疚只有快乐的脸，我很难用愤怒的声音和严厉的眼神，就强迫自己放低放慢声音："埃德，你想让我向你爸爸汇报你的课堂表现吗？"

你知道那种又低又慢的声音其实很令人紧张的，对吧？

埃德听后，笑容消失只剩尴尬，他几乎央求着："老师，我保证不捣乱了，别跟我爸说，行吗？"

我心中掠过一丝喜悦，"小子，终于找到你怕的了！"不过，我依旧装作严肃地说："我可以不跟你爸说，但条件是你得好好表现。"

开心的笑容立刻又挂回埃德的脸上，那么纯真，我被他的笑给融化了，和他拉钩约定。

那节课接下来的20分钟里，埃德在自己的座位上一声不吭，那是开课以来教室里最安静的时光。不过，能看出埃德浑身不自在，伸胳膊伸腿扭来扭去不消停。

其他学生都能在规定时间内写出一定量的文字来，可埃德就写了两个字。

我告诉他抓紧时间写，他答应好。过了一会儿我再来看，他还是一个字都没多写。我再嘱咐，他就再说好，我再去检查，他仍旧没多写一个字。我问他，他就说"我在想"，边说边把一只胳膊伸到桌子上，然后叹着气把头重重地摔在胳膊上，还是没有任何行动！

看着埃德面前那张几乎空白的稿纸，我对他失望极了，更对自己拿他毫无办法失望极了。

无奈之下，我想起在孩子不配合的时候，我最喜欢的办法就是给孩子选择。我是真的让埃德给气糊涂了，竟糊涂到一直替埃德做决定。

想到这儿，我一下感到自信了不少。

我走近埃德，用只有他和我能听到的声音和蔼地说："埃德，真是对不起，这两天我一直替你做决定，告诉你应该做这做那的。现在我要你自己拿主意，你看你是集中精力完成写作，还是把没写完的部分带回家作为你今天的作业？你来选择，你怎么做我都没问题。"这个方法的要诀是，给孩子的选择一定是你完全能接受的。

埃德看看我，摸了摸自己的额头，然后用手挠挠下巴："嗯，嗯，我现在就做，我可不想回家还做作业。"埃德说着竟马上拿起了笔。可是，他的速度和质量并没因此而有很大改变，最后他同意把文章带回家完成。

我千叮咛万嘱咐，让他一定记得第二天带作业来上课，因为第二天要用这篇文章来练习声音和形体语言技巧。

第二天埃德来上课，你猜到了，是吧？没带作业！

我一下子就慌了，以他小子的速度重写，就是下课了他也写不完啊。这可怎么办啊？我，技穷了！不知是情急生智，还是运气太好，我在那个瞬间想起儿子Timmy和学生萨姆的一次合作经历。

萨姆是个二年级学生，有一次让他背稿子，他根本不配合，两个助教都管不了他。我课上事多，如果把时间都给萨姆对其他同学是不公平的。于是我让儿子Timmy帮忙，萨姆特喜欢Timmy。没过几分钟，Timmy就跟我汇报："萨姆已经开始背下一段了哈。"两个助教和我都瞪大眼睛，问Timmy是怎么搞定萨姆的？

Timmy一副我比你们都强的得意样儿："我告诉萨姆，他背好一段我就陪他玩两分钟，背下三段后，我跟他在休息期间玩扑克，萨姆就背了，就这么简单啊。"说完还甩了一下他根本就不长的头发，跑去拥抱小萨姆了。

后来我问Timmy是怎么想到让萨姆合作的办法的，他说："用了你教我的一个科学事实！"

看见我意外，Timmy更得意了："记得吗？科学研究表明人和人讨价还价时，做决定不是按逻辑，而是根据情感做的。我先让萨姆感觉他跟我在一起，不光光是做事，还能跟我玩，这样他做事就有了盼头，也就容易按着我建议的方式做决定了。"

Timmy 和萨姆的讨价还价确实比说教管用多了。威胁萨姆或跟他讲道理或央求他，其实都是在控制萨姆的行为，而萨姆用他的不行动反过来控制大家。当萨姆有了盼头后，他开始控制自己的行为，所以就自觉了，没错！

想到这，我决定向 Timmy 学习，对埃德如法炮制。这就是再次和埃德交流前，我和自己的沟通，建立了我在这件事情上的我际关系。

事件：埃德上课不遵守规则		
解释	解释重点	感觉
我技穷了，管不了埃德	埃德很难管	无奈生气
我要让他自己决定做什么	我怎样调动他的积极性	自信明智

面对没带作业的埃德，我很轻松地跟他商量："埃德，你看你现在就开始写，你一写完，我就让你参加最好玩的游戏并让你当主角，怎么样？"

埃德睁大眼睛，用有些调侃的语气问："您说话算数？"

"那当然！"为了让他放心，我们又拉了一次钩。

我给埃德找了个稍僻静点儿的地方，他静静地写起来，不管教室如何热闹，似乎都没影响到他。看着埃德，我就在想：这是埃德吗？难道我眼前正在发生奇迹不成？

其实，每个人身上都有不同的一面，积极的和消极的，它们就在那里等着外界来激发。我的说教和控制激发的是埃德不配合的消极行为；而我给埃德选择，激发的是他配合的积极行为。

你看，埃德既会反抗又会配合，关键在于我唤醒的是他的哪一面！

事实上，不论孩子还是大人，面对一件事，任何人都有配合的可能，也有反抗的可能，要想得到期望的结果，就要先跟自己建立相应的有唤醒效果的我际关系。所以在我们抱怨孩子叛逆、不配合的时候，先看看自己有没有在唤醒他们的积极行为，这才是关键。孩子是否配合、是否积极，我们是有责任的，要承担起来！

埃德一口气写完了他去俄克拉何马童子军的故事，结构上完全按我的要求做的：有开头和结尾，中间有三段，分别叙述了他们都做了哪些活动、吃了些什么，以及他遇到了一个如何让他感到讨厌的人。他的文章结构非常清楚。

我很吃惊："这埃德不听课，怎么能把结构掌握得那么好呢？"然后我得意地认为"一定是我教得好"。

文章不错，但埃德写他最讨厌的人那部分，让我感觉很消极，就要求他改掉。这小子居然没反抗，把那段改成了他如何关照一个生病的同学。改写期间，他没抱怨，也没捣乱。这让我好感动，就让大家给埃德的努力最热烈的掌声。你猜怎么着，那个随时随地随便讲话的埃德，竟不知道怎么接受赞美，好像我让他处于一个很不舒服的场面一样，真真可爱！

那天下课后，我告诉埃德我要和他爸爸谈谈，埃德一听我要找他爸爸，立刻紧张起来。我告诉他："你这么努力，我要跟爸爸表达一下对你的感激之情。"他右手在额头上甩了一下，表示放松。

放学后，当我还在和别的家长说着话时，瞥见埃德和爸爸正在不远处安静地等着，埃德开心地咧着嘴。我这边的谈话一结束，埃德就愉快地把爸爸领到我面前介绍给我。

我让埃德去别的房间玩，之后和他爸爸讲述了埃德的进步。埃德爸特感慨："这些年老师三天两头告状，校长隔三岔五给我电话，我们两口子让他折腾地精疲力竭，真没想到还有老师会夸赞他。"

埃德爸那意外、惊喜加自豪的眼神，我至今记忆犹新。

埃德爸表示不再给埃德贴不听话的标签，遇事多给埃德选择并及时鼓励。

在那次夏令营接下来的课堂上，我学会了说让埃德积极配合的话，埃德很愿意给我面子，埃德的积极行动与配合是那年夏天我最大的收获。

感悟

惩罚、威吓不配合的孩子，只会助长孩子的消极行为。

人是生来就被赋予了"自由"及"选择"的物种，不是"听话"的机器人！给孩子选择的机会，尊重孩子的选择！

帮助孩子学会做事有目标，孩子心动了，就行动了！孩子配合不需要长者的威严，需要来自长者的尊重和引领。

第 5 章

角色互换，让孩子学会沟通的快捷键

1. "他们不理我，我怎么领导他们？"

"哎，你不是在做提高学生领导力方面的工作嘛，有个事儿赶紧帮个忙。"安妮在电话里听起来有点迫不及待。

"那还不快说！"

"你知道吉娜是她们学校七年级乐队的第一小提琴手，是吧？最近她挺苦闷，想找你给想点儿法子。"

"吉娜遇到强劲对手了？"安妮的女儿吉娜做什么都优秀，难得有对手。

"没有，吉娜保持第一没什么问题，但她作为第一给别人布置任务时，没人理她，一点儿号召力都没有，这不都哭了好几鼻子了。"

"她跟你抱怨过别人欺负她吗？"

"她不觉得被欺负，就是觉得不被同学重视！"

"哦，她说话声音小吗？举手投足有气场吗？"

"她啊，总是蚊子声不说，有时都不能把话一次说得利利索索的。还气场呢，气场跟她毛关系没有。"

吉娜五年级的时候我见过她，特安静，看起来有些腼腆，站立时双肩前倾，一双手平放在大腿前面。

"你给我描述一下，吉娜站着的时候一般什么姿态？"

安妮的描述和我记忆中的没什么两样。

"安妮,你现在就站到镜子前面去。"我的声音里有一种紧迫感。

"干吗?"安妮很困惑。

"你到镜子前面,模仿吉娜的样子站着,看看你能找到自信的感觉吗?"

"好像不能。"

"现在你打开肩膀,抬头挺胸,把手放在身体两侧自然下垂,你能感到怯懦吗?"

"不会!"

安妮像是搞明白了什么似的:"哦,像吉娜那样的站立方式,不仅别人看着觉得她胆小,她自己也不会有自信的感觉,对吗?"

"没错,气场是可以通过调节形体姿势来获得的。当然,当内心拥有自信时,形体会不自觉地展示出自信来的。"

"好,气场这事儿我基本搞明白了。我现在非常关心的是,她怎么跟别人说话,别人才把她当第一来看待呢?"

"她平时怎么和家里人交流,比如你们吃饭的时候,她话多吗?"

"我们一家四口人吃饭,通常是我和她哥哥聊得热火朝天,我先生不怎么插嘴,吉娜也很少讲话。要是讲话,通常和大家正谈的话题也不怎么搭界,感觉她像突然想起来的,不管我们在说什么,她会吞吞吐吐地说:'我想,嗯……'然后我们一般会等她两秒钟,多数时候会听到吉娜说:'我想说那个……那个,嗯……'然后像是还没想明白一样没了下文,通常我们没耐心等她把话说完,就继续原来的话题热闹地讨论下去。"

"你们不等她,继续聊你们的时,吉娜会怎么做?"

"她会喊:'你们为什么不理我?'我儿子就会不客气地说:'不是我们不理你啊,等你说你不说,我们才接着说我们的,说话还让人等,真是的!'吉娜一听眼圈就红了,抱怨我和老大不把她当回事,我和老大也觉得扫兴,大家就都草草吃完饭,各干各的去了。"

"安妮,还记得当初我们刚来美国的时候,因为英文差,轻易不开口说话的经历吧？我想你应该和我一样，也经历过那种费了很大力气开口讲英文，可别人不给关注的情景，你是不是感觉别人不在乎你？这样的想法是不是直接影响你的语言组织速度和准确性？因为我们的大脑同时在忙着两件事：一是组织语言表达想法，二是处理自己不被重视的情绪。是这样吗？"

安妮很认真地听我接着说："我在想，吉娜在学校不是不受重视，很可能是她好不容易鼓起勇气要跟人交流时，由于说话声音太小，加上说话时机不对产生的误会。别人有可能在认真地做别的事情，根本没听到吉娜的话，但这让吉娜觉得别人不在乎她。"

"嗯，很可能！"安妮表示同意。

"吉娜说话别的同学不理她，听起来是别的孩子有问题，事实上，可能是她表达上的拖拉和不自信没有引起同学的注意。我觉得不能简单地把这事看作是别的同学不重视她。"

"那怎样帮助吉娜和同学讲话找对时机，提高声量呢？"

"这件事最好先在家里练习。一旦吉娜想插话时，就等着她，给她足够的关注。注意，一定要让吉娜认为你在等她才行，如果你们只是停止说话，眼睛不看着她，自顾自地吃饭，吉娜不会认为你在等她。

"在互动的时候，只要吉娜开口，就和气耐心地告诉她，不需要把所有话都想好了再说，可以边说边想，边想边说。抓住机会鼓励她，比如她把一个概念讲明白了，把一件事说清楚了，你可以说：'嗯，这件事我以前有点糊涂，听你这样一说我明白了''哦，这个想法不错''这样啊？有点意思'，等等。"

"我是她妈，可以有足够的耐心帮助她更自信。可是在学校，有谁能像我一样耐心对待她啊？"安妮又犯愁了。

"敢情你觉得在家里建立起来的自信，只能在你家里有用啊？我们初来美国的时候，下班在家不是也常常练习英文吗？英文一天比一天好，你能说我的英文是在家练的，只有在家说英文时我能有自信，到了外边就不行了。不会的，是吧？"

"你只要让她经历她说话有人在意听的过程就好,慢慢地她在表达上会越来越自信。一旦有了一点自信,说不定哪一次在学校就会表达得流利些,就会引起同学的注意,只要她有过一次好的经历,就会改变对自己的看法的。别小看这一点,别人改变对她的看法很重要,最重要的是她能改变对自己的看法!自信是要通过她对自己的承认慢慢建立起来的。就像我们当初说英文,一开始不敢张嘴,慢慢地能跟别人说懂一个词,慢慢地能用英文把人逗笑,每一次他人积极的反馈都是在帮助我们建立自信。我们的自信就会不自觉地在不同场合展示出来了,对吧?"

安妮按照我前面的方式,让吉娜感受胳膊摆在不同位置对心理产生的影响,指导吉娜尝试改变。吉娜试过后,明白了她习惯性的肩膀前倾等姿势影响了她自信心的建立,而打开肩膀让她感觉更自信!小姑娘竟在一张卡纸上写下"打开肩膀!",做成标识牌挂在门上,每天提醒自己改正形体姿势。

在家里,妈妈和哥哥在吉娜说话时给她 100% 的关注。

我提醒安妮可以告诉吉娜的老师们,他们正在家里正帮助吉娜建立说话时的自信,希望老师在课堂上也能配合一下,多给吉娜一点鼓励。

经过多方近 5 个多月的努力,吉娜感觉乐队的同学跟她的配合好多了。

为了感激同学的友好,吉娜常在午餐时间指点乐队的同学,帮助他们提高技巧。

再见到安妮时,她告诉我:"吉娜说同学们比以前在乎她的话了,开心多了!"

感悟

当孩子感觉被孤立时,父母会焦虑担心,会想方设法让问题消失。事实上,有些时候孩子问题的直接制造者就是父母——孩子最亲爱的家人。孩子遇到棘手问题时,父母首先要问:孩子的问题和我的日常做法是否有关联？

　　这里想提醒大家的是：不管你过去做错了什么，都没必要后悔难过，把所有的精力用到采取积极的应对措施上，和孩子一起经历更深刻更有逻辑的爱，在孩子的进步中加深这样的爱！

2. 教孩子巧妙回应别人的侮辱

在我第一本书中，有一个典型的案例：别人骂儿子的时候，我让他这样应对。说的是在儿子 Timmy 6 岁时，常有小朋友骂他蠢。后来我给他提出建议，再有人骂他蠢时，就回敬那个人："谢谢！"

开始儿子不肯，我提议先在家和他角色演习，让他先骂我，我谢谢他；然后我骂他，他谢谢我。

儿子说他骂我、我谢他，让他非常困惑；我骂他、他谢我，他感觉自己对局面好像有了掌控。

于是他自己推理出：要是别人骂他，他说谢谢的话，会让对方非常困惑，他会处于主动的地位。

结果正如 Timmy 所料，小朋友骂他蠢，他说谢谢后，对方就愣在那儿，不知所措了。儿子小学时，用这个办法处理类似的状况，总是奏效。

等他长大一些，遇到的不再是小孩子直截了当的骂了，而是些藏有敌意的勾当。初中时，儿子遇到一个同学叫乔，是一个老师同学都不待见的孩子，他会不分场合地点嘲讽别人。

有一次，乔指着晏婴的头像对儿子说："Timmy，你看这人多像你爸啊？"言外之意你爸太丑了！

"乔，你这样讲话太过分了！"这时候，上课铃声响了，Timmy 和乔走进了不同的教室。

这是 Timmy 第一次遇到有人侮辱自己长辈的状况，他说别人骂自己，他还能说出谢谢，但是乔侮辱自己的爸爸，他实在没法再用谢谢回击了，他简直忍无可忍！

我当然也很不喜欢乔的行为，跟 Timmy 讲了一些乔没教养之类的话。然后我问 Timmy："如果不是上课铃响了，你会对乔说什么？"

Timmy："不许你侮辱我爸爸，你这个无耻的疯子。"

"我知道这一定是你那个时刻最想表达的。你这样说，是不是乔能预料到的反应？"我希望儿子能够思考。

"肯定的。"

"用粗鲁谩骂的方式对付乔，对他来说是正中下怀。骂人互相伤害简单易行，但对乔没效果，是吧？过去别人骂你，你谢谢对方，让对方困惑，一直是好用的办法。我知道这次你很难说谢谢，那你有没有想过说什么会让乔困惑呢？"

Timmy 这会儿没心思和我继续交流，他还正在气头上。

这事发生时，Timmy 已高出我半头，我也不能像他小时候那样再跟他进行角色演习了，我得另辟蹊径。

想想我们成年人，不管是否愿意，是否有准备，我们随时可能被人言语侮辱，孩子也不例外。怎样面对别人侮辱，学校是不教这样的功课的，那家里一定得给孩子补习！

我决定帮助 Timmy 再遇到别人的挑衅时，有可用的工具迎战。怎么办呢？我把目光投向科学！

科学告诉我们，人被侮辱后，身体反应是这样的：体内"压力荷尔蒙"皮质醇的浓度会迅速提高并快速传遍全身，人的心跳速度成倍增长，呼吸变粗，人甚至会气得全身发抖。这样的身体变化会让人产生必须马上反击的冲动，而且反击越毒越狠越好！

这样的身体变化往往会带来过激反应，怎样让身体缓和下来从而减少过激情绪呢？

1. 深呼吸

闭上眼睛，用鼻子吸气，边吸气边数到 5；然后慢慢张嘴呼气，边呼气边数到 10 或者更多，这样的呼吸过程会平稳心跳和血压，帮助人安静，从而降低引起过激反应的化学物质。

2. 走一走

5~10 分钟的步行会提高体内"快乐荷尔蒙"内啡肽的含量，从而降低"压力荷尔蒙"皮质醇的水平，让人头脑变得清醒，从而更好地控制情绪。

身体反应得到调节后，情绪也会随之缓和。

和 Timmy 分享了怎样通过呼吸和走路平稳情绪的科学做法后，他明显配合了。

下一个问题就是怎么改变思维方式来解决问题？（探讨我际关系的重新建立）

我和 Timmy 分析："你用和乔同样难听的话反击他，这无须任何自我控制，而且特别解气，你说完后真的会自我感觉很好吗？你愿意和乔一样无趣吗？"

Timmy："当然不想！"

"我相信给对方出其不意，让对方不知所措的回击才是更高超的能力，也会让对方记忆深刻，以后少找你的麻烦。你觉得怎样？"

Timmy 很认真地说："听起来不错，具体怎么做呢？"

"别急，如果你想出其不意，让乔得不到他想要的结果，那我们得先了解一下科学家怎么看待人的惊讶和失望。"于是我跟 Timmy 分享了我的调研。

根据研究"惊讶"方面的专家塔尼娅·露娜（Tania Luna）和莉安·伦宁格（Leeann Renninger）的分析，人在感到惊讶时经历了 4 个步骤：

1. 人对预料不到的事情会感到意外，意外会让人的大脑冻结 1/25 秒；

2. 冻结后，大脑细胞会好奇地去找事情发生的原因；

3. 找寻中接触到的新东西，会改变我们看问题的角度，甚至改变关系；

4. 不管意外是好是坏，人的情绪都会加强400%，如果是正面的意外，人会异常开心；如果是负面的意外，人会异常失望。

越有准备的事情，越不会让人意外；越没准备的事情，越让人意外。

当人预期有奖励时，多巴胺的分泌会增多，多巴胺让人愉悦；但是，如果扣留奖励的话，尤其是在预期有奖励的情况下被扣奖金，多巴胺的分泌会迅速降低。这便是失望背后的生理过程。

根据这些科学原理，乔对你无理，他认为你会很生气，这让他开心；如果你做他意料不到的事情，比如不恶毒反击，他就会失望，400%的失望！

如果你能用更高明的方法，包括善良的方法处理乔的无理，他就没法得逞，他会从开心状态变得超吃惊，然后超失望。

跟通常经历的事情比，人们会更容易记住那些让自己感到意外的事情。因为大脑中帮助记忆的海马体在发生意外时，比平时更加活跃，更容易记住意外的事情。

Timmy想了想说："我对人在面对负面意外时会异常失望这件事非常感兴趣。我得琢磨一下怎么给乔出其不意的惊讶和失望。"Timmy的注意力已经全部放在解决这件事上了。

几十分钟后。

Timmy过来对我说："下次有同样的事情时，我会先调整自己的情绪，然后心平气和地告诉乔：'我知道你最欣赏有才华的人，谢谢你拿晏婴来和我爸比较，因为我爸确实挺像、晏、婴、的，像晏婴一样有才华！'到时候我说完就走，乔肯定会惊讶，然后对自己特失望！想反驳时，我已走开，不跟他恋战。"

"不错！"我向Timmy竖起大拇指。

和Timmy讨论完这事没多久，他们最近一次历史考试的成绩出来后，乔得了92分，他的成绩从没有这么好过，就跑去和Timmy显摆："凭你的智商，我保证你这次历史肯定没我考得好。"然后洋洋得意地眯着眼看着Timmy，一副挑战的模样。

Timmy镇静了一下，想到要给乔个出其不意，就面带微笑地说："恭喜你！"乔眼睛眨了半天，盯着Timmy，很不理解。Timmy又诚恳地说："我真的为你的成绩感到开心，恭喜你！"乔愣了一下，没说什么就走了。

我赞扬Timmy这招厉害，Timmy说："要是跟他争吵，用和他一样的方式反击他，他就赢了，邪恶就赢了！不如给他个意外，我这叫用善良反击邪恶，让善良取胜！

"真智慧！与跟乔吵比，我觉得你换来的是乔对你的尊重，是吧？你是不是也对自己多了一份尊重？"

儿子拍了拍自己的胸脯。

乔，还是照样不招人待见，但他不再找Timmy的麻烦了。

Timmy在处理乔的出言不逊时，一直在调节自己的我际关系。

事件：乔贬低Timmy的智商	
和妈妈交流前	和妈妈交流后
解释：乔无理，侮辱人	解释：不和乔以同样的水准论事，用善良来回应乔的不善良，从而让乔失望
感觉：愤怒	感觉：充满希望，有信心
行动：反击，谩骂	行动：说出让乔吃惊失望的话
结果：会正中乔之下怀，可能是一场没有胜者只有愤怒的青少年口舌之战	结果：令乔毫无反击之力，不再打扰Timmy，Timmy更加自信自尊

感悟

家庭生活中，因为关系的亲近，大家说话有时会特别随便，尤其是在有矛盾的时候，家庭成员间的互相侮辱可能比来自外界的攻击更伤人。如果我们的孩子从小只知道你来我往相互侮辱的方式，我们怎能期盼孩子长大后遇到别人的无理时，能平静地想出解决办法呢？为了让孩子学会怎么处理难堪的事情，为了孩子的幸福指数，我们要为孩子上"面对无理"这样的课。

3. 孩子不喜欢任课老师怎么办

人的一生当中，总会遇到各种各样的老师、老板、同事，尽管有些人不是很投缘，却不得不经常和他们合作交流。孩子和成人一样，常要和一些自己不喜欢的人打交道，比如孩子不喜欢任课老师，家长如何帮助孩子面对这个问题呢？

马丁先生，我儿子 Timmy 八年级的西班牙语老师，喜欢自我吹捧，喜欢八卦，八卦时有明显的种族和性别歧视倾向。八年级开学后没几天，Timmy 就跟我抱怨："马丁老师又在谈他大学时如何风光，不讲课，我们好几个同学都受不了他想换班了，有的干脆不学西班牙语了，我要换老师。"

我的第一个想法是"怎么这么不走运啊？！"第二个想法是"孩子不能一遇到困难就躲开，想要孩子以后遇到大事时有强大的内心，不是需要强大时就能强大起来的，一定要在实际困难中练就。"

我没马上讲道理，只是平静地说："我太熟悉你的感觉了，我曾经也不喜欢一个老师，上他的课特难受。"

Timmy 一听我有同样的遭遇，就听我接着说："人一生中会遇到各种各样的人不说，还经常要和你不喜欢的人一起做事，如何与不喜欢的人合作是每个人都要学的功课。你现在除了读书，还要学习和不喜欢的人打交道的技巧。这样吧,这门课你只要及格就好,你的任务是想办法和老师配合。"

Timmy 看我态度坚决,叹了声气,没说什么就走了。

后来的几个月,他常提起换班,我都让他坚持,但我并没有什么好的办法给他,我也很无奈。

等到他八年级下半年的1月份,Timmy 的西班牙语成绩降到70多分,对老师的感觉也越来越糟。2月份,八年级学生开始选高中课程,Timmy 外语选了中文,然后坚决不再继续上八年级的西班牙语了,他实在不想忍受马丁了,要退课做校内志愿者。

如果做校内志愿者,Timmy 既能摆脱上课的痛苦又能帮助他人,我也不愿 Timmy 那么不开心地上课。可是,在现实生活中,他就是要面对各种各样的不如意,处理不如意事情的能力关乎着他的快乐程度,不能遇到困难就逃避。我还是坚持让他留在课堂里面对困难,锻炼他在自己不能控制的情况下,怎样影响事态向多赢的方向发展。

不管 Timmy 多么强烈地要求退课,我一直都跟他重复:"这样难得的人生大课错过了就太可惜了,我要你想办法在西班牙语课上活好自己!"

有一次我这样说完后,Timmy 声泪俱下:"我受不了马丁,你为什么坚持让我锻炼?"

Timmy 很少会因为什么事解决不了流眼泪。尽管他备受煎熬,我还是要他在"水深火热"中练习面对挫折的能力。至于具体怎么做,我还是不知道。

面对痛哭的 Timmy,我告诉他:"妈妈知道你痛苦,妈妈是最不想让你痛苦的人,但是为了让你知道怎样和不喜欢的人合作,我只得让你在实际生活中实践。还记得你打鼓时,不愿打你不喜欢的曲子吗?你面对了,练习了,最后就打出来了。当我们面对不想继续的事情时,可以做逃兵,可以放弃,从而摆脱困境。但我们也可以积极想办法,练就面对困境的本领!哪一种人是你更佩服的呢?"

"后一种!"Timmy 没好气地应付我。

坚持归坚持，我真的不知道怎么帮 Timmy 面对这样的老师，为了锻炼他，我只有舍得我亲爱的儿子吃苦遭罪。

请一定知道，让孩子吃苦遭罪是有条件的，首先孩子人身要安全，吃、喝、睡要正常，再有就是每天给孩子足足的爱。

我告诉 Timmy："请相信，我这样做是因为我知道，你闯过这一关非常重要。课堂情况千变万化，我不知道怎么帮你去应对，只能靠你自己随机应变，营造更好的课堂环境。"

特别幸运的是，有一天，我突然想起跟一个很难相处的人解决分歧的事，我当时用过很多种方式都没有成效，后来我问了自己几个问题：

问：我到底要和这个同事有怎样的关系呢？

答：双赢！

问：如何才双赢？

答：重新解释与他共事是件难办的事！

我最后解释与同事共事很难不仅仅是他有问题，我也有问题，我的问题是总在心里抱怨他。为了双赢，我要找他做得好的地方，然后帮助他将优点发扬光大。有了这样的我际关系后，我不再有怨气，更多地关注他独特的创意，称赞他的努力。最终，我和同事收获了双赢的结果。我定义那次改善关系的方针是：善良多赢！

不知道为什么我一直没想起来，以至于我和 Timmy 在马丁老师这件事上，几个月都没方向。

我急切地告诉 Timmy："儿子，我知道你应该怎么做了，虽然不是具体的办法，但可以算是指导方针：跟老师善良多赢。什么意思呢？你采取行动之前，要问自己"我这样做对老师善良吗？和老师以及同学是多赢关系吗？""

这里，其实我是在教 Timmy 处理马丁这件事的时候，让他通过问问题来建立好的我际关系，对吧？

两周后，我在出差，Timmy兴奋地打电话向我报喜："妈妈，我西班牙语考了94分！"

"真的？没有我在身边，你自己反倒做得更好了！"

尽管在电话里，我也能想象出Timmy说话时下巴微微抬起的样儿："你不在身边，我只能自己面对，消极对抗对我没什么好处，就积极地想办法呗。"

"哦！快，快告诉妈妈是什么办法！"我急啊我！

"你知道我最恨老师在课堂上跑题，就在这事上发挥了点儿创造性。"

"创造性？怎么个创造法？"

"老师跑题后我不再心烦，不再偷偷翻白眼，而是问一些老师会喜欢回答并对大家有益的问题，把他的话题再拽回来。"

"好棒哦！举个例子好吗？"

"有次马丁老师吹嘘他在大学里组织的一些活动，我就问如果他帮希拉里竞选，他会做什么？尽管他还是没教我们西班牙语，但至少他讲的是我感兴趣的东西。学校不换他，你又不让我离开，我只有自己想办法，才能不像以前一样艰难度日。"

"哇哦，太佩服了！好样的，儿子！"

听到我由衷地赞美，Timmy特理性地说："既然我不能控制又必须面对，就做我能影响的事，这主要是你分享的静心祷告词对我的指导。"

静心祷告词，是美国清教徒神学家尼布尔写的。

上帝啊，
请准予我平静地接受我不能改变的事情，
勇敢地改变我能改变的事情，
智慧地分辨两者的不同。

看样子Timmy是掌握了祷告词的精髓。

Timmy接着补充："建议老师转换话题是第一步，第二步是让老师尽量用西班牙语讲,尽管他不怎么讲课,我们还是有收获的,感觉大家是共赢的。"

"真是太好了,儿子!"

"嗯,最难的是跟老师装笑脸,要是有'装笑脸奥斯卡奖'的话,我一定能拿到。"Timmy告诉我马丁老师还是蛮喜欢他的。

解决这个问题过程中我的我际关系:

事件:孩子不喜欢任课老师	
我的解释	孩子不能一遇到困难就躲开。孩子以后遇到大事时的强大内心,不是需要强大时就能强大起来的,一定要在困难中练就!
我的感觉	冷静、无奈(没有合适的解决方法)

我这样的我际关系帮助我做了让儿子留在课堂锻炼的决定。

Timmy积极的我际关系的建立:

事件:不喜欢任课老师	
Timmy的解释	我必须自己面对,消极对抗对我没有好处,得积极地想办法,争取老师、同学、自己多方共赢
感觉	冷静、充满希望、有信心(有了合适的解决方法)

Timmy这样的我际关系帮助他抓住适当的机会转移话题,和老师同学实现多赢的互动和关系。

由此可见,不但要对困难问题有积极的解释,让自己冷静下来,还要有适当的方式方法来处理,这样的我际关系才会有更积极的效果!

让孩子自己面对不愉快的场面,有点像让孩子学习用刀切菜。第一次用，大人会怕孩子切到手，前后左右贴身指导。第二次再用时，孩子和大人就没有第一次那么紧张了。Timmy在高中，遇到一个和马丁很相似的生物老师Ray，这一次Timmy是以平静积极的心态配合老师，Ray跟我表扬Timmy上课积极主动、有想象力，为此我深感欣慰。九年级快结束的时候，Ray成了Timmy配合最好的老师之一，Timmy的生物成绩非常优秀。

父母都心疼孩子，怕孩子受委屈，恨不得为孩子扫清前进路上的所有障碍，但这是不可能的，这相当于剥夺了孩子真刀真枪的实战经历。

我们要把孩子亲口尝一尝梨子滋味的经历还给他们。我们那种"老子吃的盐比你吃的饭多，过的桥比你走的路多"的权威姿态，我们"左手满是经验，右手满是教训，保证孩子少走弯路"的爱，其实都是在替孩子做决定，取代孩子自我觉悟、自我选择的过程，从而阻止了孩子自己想办法带来的成长。

青少年的大脑因关联方式与成人不同，对周围环境的观察、学习和记忆的方式和成人很不一样，他们更容易从自己的实践经验中学习。因此给孩子描述梨子的滋味，无论你的描述多么形象多么用心，远不如让孩子亲自尝一口来得有效！孩子要学会自我教育，他们要自己去吃盐，去过桥，自己去实践而非被灌输！

感悟

在确保孩子有足够承受能力的情况下，舍得孩子独自面对不喜欢的老师，或其他不愉快的情景。父母保证给孩子足够的爱，鼓励孩子解决问题时，要争取善良多赢地与人相处，创造性地想办法取得他人的配合。让孩子在实际生活的大熔炉里锻炼，不断成长，走向成熟。

4. 伤透心的学生，为什么选择跟老师道歉

凯文： 上学期期末考试前，英语补习班的老师让我做了去年的试卷。结果考试时，我惊喜地发现试题跟去年一模一样。于是，我考了全班第5。正兴奋呢，老师说："咱班有个同学提前看过这卷子，是谁，自己心里清楚。"我特恼火，上课什么都听不进去，一直想去找老师理论。终于熬到下课，我理直气壮地去找老师："这试卷我做过，但考试时我没作弊，我只是把我会的题写在了卷子上。"可老师却说："我说的是有些同学，没说是你，许多同学看过这个卷子，因为3班之前做过了。"她明明说是有个同学，怎么这会儿又变成有些同学了呢？我一下就变成了缩头乌龟，像撒了气的气球。从此，英语老师上课不再叫我回答问题，她不理我，我也不理她。我开始非常讨厌她和她的课，英语也从我最喜欢的学科变成了最厌恶的。老师，我该怎么办？

画云： 现在你怎么看这件事？

凯文： 我是自作孽不可活，我不找她也不会少块肉。

画云： 老师说你作弊，你感到不能容忍，可是你的大脑还没成熟到能及时地制止你的冲动。

人的大脑负责喜怒哀乐等情感感受、情绪表达的部分在12岁前就发育成熟了。可大脑的司令部也就是控制冲动的部分还在发育，女性到23

岁左右发育完全，男性要在 25 岁左右才完成。你可以把大脑司令部想象成一栋楼，你现在 14 岁，得盖到你 25 岁才竣工，目前控制冲动的功能还在建造中。

无论如何，如果重新来过，你会怎么和老师谈？

凯文：这卷子我确实做过，但考试时是和别人一样，把自己会的题写上去，并没作弊，希望老师不要误会我是投机取巧完成这张卷子的。

画云：我给你一个说法，你来对比一下，看哪一种说法你能对着老师的眼睛说出来，哪一种说法老师更容易接受。

老师，我承认，补习班的老师给我做过这套卷子，但考试时我和别人一样，把自己会的题写上去，就这样。

你选哪一种？

凯文：您的说法。

画云：听了你的说法，老师为了维护自己的权威，会说她不是针对你。你说希望老师不要误会你投机取巧，听了这样的话老师会怎么想？老师会觉得你认定或者担心她误会你了，老师会否认这一点，这对谈话进展没有益处。推测的事情就是推测，不能成为事实。用你的推测去说别人，只会让自己更被动。

而我的说法中，没生气的成分，只有事实，你用这样的方式和老师说话，会不会更自信？

凯文：会。

一周后。

画云：你跟老师道歉了吗？

凯文：永远不会！她太差劲了。昨天我做错了一道题，她当着全班同学的面说："连最基本的语法都不会，上学期怎么考及格的？"我特别生气。她怎么就认为我不应该考及格，难道我考及格她就少了工资不成？

画云：现在想起这位老师时，你会有怎样的想法？

凯文：可恨，她怎么这样说我呢？

画云： 我理解你的愤怒。不过这样想对你的心情和学习效率有影响吗？

凯文： 有，总是分心。我根本不想看到她，不想听她讲课！

画云： 你能不上她的课吗？

凯文： 不能。

画云： 你说老师会对自己说，"为了凯文心情好，好好学习，我得改变对他的态度"吗？

凯文： 不会。

画云： 因为你和她的关系，你现在都不想学英文了。这种情况下，谁能救你？

凯文： 我自己！

画云： 非常好。你想和老师缓和关系吗？

凯文： 想。

画云： 你觉得老师对你的感觉还停留在你的冲动对她威严的损害上，是吗？

凯文： 是！

画云： 老师也是人，所谓"老师是人类灵魂工程师"中的老师，指的是老师这个职业，并不代表从事老师这份工作的每一个人。你不能期待每个老师都是人类灵魂工程师。有些老师可能连一个孩子偶尔的冒犯都不放过。如果你一直对自己说老师有多讨厌，她会改变吗？

凯文： 不会。

画云： 你觉得通过改变自己，再去影响她对你的印象和态度，可能吗？

凯文： 可能吧？！

画云： 你有信心去影响老师吗？

凯文： 没有，我对她的人品彻底失望了。

画云： 你每天不想看到她，不想上她的课，这不仅影响你的英语成绩，还会影响你其他学科的成绩，是不是？

凯文： 嗯。

画云： 你心里觉得她不好，她会通过你的表情知道你对她的感觉，你的态度影响她的态度，她对你会越来越好吗？

凯文： 不会。

画云： 人都有多面性，老师有小心眼也有宽容豁达的时候，这要看你调动了她的哪一面。上课时，你总低着头，老师没命令你抬头，可能已经是在克制自己了。你觉得你听她的课难受，但你不知道老师也在努力忍着不批评你，而且很可能已经做到了她最大程度的忍耐，你没看到，不等于老师没有宽容你。

事件：英语老师说话伤人		
解释	解释重点	感觉
老师好可恨	老师的错	生气
我曾经的冲动引起的	我的过错	平和

现在，你有两个选择：

1. 想着老师多么可恨，和她置气，从老师进教室到下课都不看她，心情压抑。

2. 改变态度，为你过去的冲动跟老师道歉。让她认识到你很会做人，并对你有敬重甚至敬畏感！

凯文： 敬畏？老师对学生？

画云： 对啊。跟你说说我对我儿子的敬畏。前几天，我儿子 Timmy 正在上课，坐在他旁边的一个女同学说有些头晕，想去看校医，老师说马上讲考试重点了，而且一会儿就下课，让她稍等。

Timmy 看到那个同学实在不舒服，没跟老师请假就直接带她去找校医了，结果刚一出门，那个女生就吐了。校医说好在送去及时，她的血压很低。课后，Timmy 跟老师说明了情况，希望老师理解他没打招呼就带同学离开了教室，老师夸赞 Timmy 成熟果断。

Timmy 把这件事告诉我之后，如果我说，老师都让等一等了，你为什么要置老师的说法于不顾，在可能影响你成绩的情况下送她去看校医呢？你知道，Timmy 会看不起我的，这就是敬畏。Timmy 的成熟让我敬重敬畏。

如果你跟老师耍小孩子脾气，跟她对着干，老师就把你当作孩子看；如果你大气些，老师会对你多几分敬重和敬畏，也就会调整对你的态度。

一个人对别人的印象是会变的。以我对你写作的印象为例，上次你的文章开头让我非常吃惊，为什么呢？因为我原来的印象是，你文章开头平淡，用词不够简洁。可这篇文章的开头直接点题，没废话。我吃惊是因为我的印象还停留在过去，我要重新定义你的写作水平，对你写作能力的新印象也随之建立了。你现在想不想让你的老师对你为人方面有不同的印象？

凯文： 想，不过我还是不想跟她道歉，但我保证好好听她讲课。

画云： 听课时的面部表情要跟上别的课一样，老师看你时，向老师微微点头让她知道你理解了。这些都有助于减少老师对你的不满，你同意吗？

凯文： 同意。

画云： 你觉得你跟自己说什么时你的表情会有不同？

凯文： 我喜欢数学，老师教我数学，老师辛苦了。

画云： 这样的我际关系就健康多了。

这里和你分享一个社会心理学家关于人类思维方面的研究。把得相同病症的患者分为两个组，告知第一组的患者手术治疗的话成功率 70%，强调手术的正面影响；告知第二组的患者手术的失败率是 30%，强调手术的负面影响。结果发现第一组的患者倾向于做手术，而第二组患者的倾向于不做手术。随后，研究人员告知第一组要考虑手术有三成失败的可能性，第一组的患者不再倾向做这个手术；告知第二组手术有七成的成功可能，与第一组不同，第二组人仍然倾向于不做手术。

还有很多同类的实验表明，人们的负面思维框架一旦形成，会一直延续，人的思想从负面到正面的转换，比从正面到负面的转换难得多。

这个实验对我们有怎样的启发呢？你一直在强调老师的不好，现在要关注老师好的地方，想想老师做了哪些值得你珍惜的事情，你要重新训练你的大脑！

你现在想一下，平时老师有没有做过一些让你喜欢的事情？

凯文： 老师会让我到前面回答问题，有时会在我的作业上写"有进步"。

画云： 从现在开始，你想起老师的时候，我希望你想到的是她的鼓励，好吗？

凯文： 好，从想法的改变实现心情的改变，改善我际关系！

画云： 太棒了！平时老师让你到前面回答问题时，你是懒洋洋地被迫拖着自己的身体上去吗？

凯文： 是。

画云： 以后你会怎么做？

凯文： 快点上去。

画云： 很好！对了，你平时在走廊看到老师，怎么打招呼？

凯文： 装作没看见。

画云： 以后呢？

凯文： 还是看不见。

画云： 你装没看到老师，老师心里清楚你不喜欢她，是不是？

凯文： 嗯。

画云： 在走廊碰到时跟老师问声好或向老师点点头，就算不为老师，只为你像个成熟的少年。尊重别人时，你会感到自己的大气，从而更加尊重自己。为自己成为一个大气温暖的人而努力。就像学数学，要从1+1开始一样，见到老师打招呼，就是你做人方面的1+1！老师不坏，只是她要解决她的孩子气，你要用你的大气成熟来影响老师更温暖地对待你。走廊上，给她一个问候，能做到吗？

凯文： 能！

画云： 老师虽然看不到你思想上的变化，但会注意到你的外在变化，老师会在她的精神笔记本上记录一笔：凯文比以前有礼貌。老师会因为你的表现积极，重新评估你的。

记住这张表，一旦你不喜欢老师时，请调节你对老师的看法，改善你在这件事上的我际关系。

事件：英语老师跟你的互动		
解释	感觉	行动
老师常鼓励我	感谢老师	抬头听课，见面打招呼
老师真的可恨	怨恨老师	低头听课，不招呼老师

一个星期后。

画云： 跟老师的情况怎么样？

凯文： 我对老师很礼貌，而且认真听课，感觉老师对我温和多了。

画云： 尽管师生之间有冲突时，学生看起来处于弱势，可在你和英语老师的交往中，你不卑不亢，尊重她，有礼貌，你觉得在改善与老师关系的过程中，谁起了决定性的作用？

凯文： 是我。

画云： 太棒了，继续保持，尊重老师，尊重自己。对了，你是不是轻松多了？

凯文： 老师，我准备向英语老师道歉了。您的我际关系简直是灭火神器！

画云： 耶！跟我说说你为什么这样说？

凯文： 想到老师的不好时，你给我画的那个表就像是个开关，关掉负面想法，想老师好的那面，心情就平静了。

画云： 想好跟老师怎么说了吗？

凯文： 老师，我想跟你道歉。上学期考试后你说有人作弊，我就认定你在说我。我很冲动，对你的语气很不好。关于作弊，我跟您有一样的见解，往轻了说是学习不认真，往重了说就是人品问题。补习班的老师确实给我做过试卷，考试时我和别人一样把会的题写上去，就这样。虽然我很冲动，但您一直没放弃我。上课时仍旧叫我回答问题，常在作业本上给我写"有进步"，我很感激。我实实在在跟您学到了什么叫宽容，谢谢您教我做人的道理。我很后悔自己的冲动，希望老师原谅我。

画云： 太棒了！澄清了事实，检讨了态度，感激了老师，总结了所学，提出了请老师原谅的要求，你看你这样的道歉，老师不仅不会否认你的说法，还会接受你的道歉，更会佩服你的成熟懂事，对你有敬畏。

日常生活中，一旦家长或老师和孩子产生了冲突，会不管三七二十一要求孩子立刻道歉。孩子心里不服，道歉缺乏诚意，于事无补。道歉对解决问题非常有帮助，但不是被迫道歉。

感悟

跟凯文的交流，我是通过提问让他思考来启发他。其实答案都在他那里，我做的是唤醒他的精神。他一点点实践怎样面对冲突，寻找解决办法，理解做人的道理。从实际经历中，丰富做人的经验。让孩子按自己的思路前行，我们在旁扶持，孩子就会在成长中日渐成熟自信。

5. 妈妈这样沟通，孩子更守纪律

丽洁： 我儿子快 9 岁了，上课时不是摆弄橡皮铅笔就是和同学说话，注意力不集中，基本坐不住，不遵守纪律。老师罚站他也不觉得不好意思，问他为什么总惹事，他要么说他也不知道，要么说上课没意思。问他想改进吗，他说想，就是控制不了自己。班主任超严格，对儿子意见很大。我不想给老师添麻烦，或者让老师特殊照顾孩子，所以不知道怎么去沟通这件事情，内心很矛盾，也不知道孩子的注意力是不是有问题？

画云： 孩子能集中精力多久呢？小孩的注意力和年龄有关，一个 9 岁孩子的注意力在 9 分钟左右。在有安排的情况下，也就是说，有人有步骤有计划地指导他做事的话，他能坚持到 45 分钟吗？

丽洁： 能，他读书做作业都能坚持 45 分钟。

画云： 他们班有多少人？

丽洁： 40 多个。

画云： 看来孩子的注意力应该没问题，他就是在做一个孩子。孩子注意力不集中，可能有这么几个原因：

○ 学生太多，老师很难给每一个孩子足够的关注；
○ 课程内容确实枯燥；

○ 小孩坐下来后，体内的血清素也跟着在减少，而血清素的减少会让人焦躁不安，注意力降低。

丽洁： 孩子说老师上课很没意思。

画云： 你一般怎么跟孩子交流老师告诉你的事？

丽洁： 我会问孩子在学校过得怎么样？他会说违反纪律了，老师罚站了，还会说谁谁欺负他了。我就会引导他，上课说话对吗？上课就要听老师讲课，这是对老师最起码的尊重。别人欺负你，是别人不对，你告诉老师了吗？你跟同学解释了吗？

画云： 你每次都是和孩子说这样的话吗，他听吗？

丽洁： 我感觉他好像不是故意不听，应该是对我的话不太理解，真要事情发生的时候，也就是说他临场根本想不起来。因为是大人的说教，不是孩子自己想出来的东西，他不理解，更不会去做。

画云： 你说得太对了。一般学生有问题的话，老师都做些什么？

丽洁： 老师罚站，让孩子反省。

画云： 为了更好地了解课堂情况，你不妨和孩子一起重现课堂，怎么做呢？让孩子和你角色演习，比如你扮演儿子，儿子当老师，让他帮助你更多地把教室的情况呈现出来。通过儿子模仿老师的话，以及他的语音语调和肢体语言，你会更全面地了解老师的脾气和做事风格。

丽洁： 哦，这样的事情我还从来没有做过。

画云： 你的英文跟儿子比怎样？

丽洁： 我很一般，儿子的英语书我能看懂，语法也能教他，但是发音没他准。

画云： 好，那就让儿子做老师，你和孩子爸爸，还有家里的老人，给他当学生，告诉儿子，你和他爸爸学英文的时候只会写不会读，姥姥姥爷没学过英文，全家他的英文发音最好，让他教你们，你觉得他会愿意吗？

丽洁： 没做过这样的事啊，应该愿意。

画云： 上课的时候，让他叫你的名字，叫爸爸和姥姥姥爷的名字，我儿子小时候给我上课时，特喜欢直呼我的名字。

丽洁： 这个我儿子一定会喜欢，因为他能够对我有控制。

画云： 你和他爸爸比，谁更活跃一点儿。

丽洁： 我。

画云： 一开始一节课5~7分钟就可以，主要是让他对这种形式感兴趣。上几次课后，你就开始在他上课时玩橡皮、摆弄铅笔，做一些不守纪律的事情，或者望天花板、发呆等，模仿儿子上课时经常做的一些事。他可能会指出你的做法不对，或者提醒你要注意听讲，这个时候你要给孩子做榜样，跟他道歉保证之后集中精力。千万别说"现在你知道你不守纪律时，老师的感觉了吧"。下课后，找个时间，装作恍然大悟似的跟儿子说："我上课时不注意听讲，你什么感觉？""我才明白你上课不听讲的时候，你老师可能会有类似的感觉。"给孩子时间吸收消化你的话，然后说："我儿子这么善解人意的人，一定不想给老师那样的感觉，得想想办法在课上守纪律哈。"

除了上面的办法，你还可以请街坊邻居的小孩，让儿子给他们当小老师教英语，他一定会遇到不听话的家伙，让孩子体验学生不听讲带给老师的感觉。

我每年都会带一些美国的高中生到中国做我夏令营的助教，每次问到他们在夏令营期间的收获时，他们几乎都说终于理解了自己老师的感受，表示一定在课上更配合老师。

丽洁： 他喜欢有控制感，他应该喜欢做这个。

画云： 另外，可以让孩子给一个假想的人物想办法，比如假想的人是亲戚朋友的孩子，纪律不好，请他出主意改正。

丽洁： 做过，我告诉孩子，有个朋友的小孩有纪律问题，然后给的例子都是他在课上做的事情，孩子立刻就问你说的是不是我啊？

画云： 让孩子帮你想办法，这些办法可能最后就是他会用的办法。但一定注意不能让孩子觉得你在给他下套，孩子都很聪明的。你可以说朋友的孩子纪律不好，但举的例子要跟儿子的问题有差异。

之后丽洁和儿子做了很多次角色演习。

丽洁：最近儿子给我们当老师，差不多一半时间在讲课，一半时间在展示老师的威严。

前天他给我们上课时说："今天我们讲查字典，我先写几个字，然后找同学填上拼音并组词。"儿子写完字问："丽洁，你带字典了吗？"我说没带，儿子瞪着眼睛插着腰说："到后面站着去！"我说："老师能借我一本吗？"儿子说："你以为学校是你家开的啊？这么多人都不带，学校不得赔死啦！"过了一会儿，儿子问："谁会写这几个字？"他爸爸说："我会！"结果儿子一个粉笔头就扔过去说："不举手说话，减5分。"

上完课我问儿子："你这几天当老师感觉怎么样？有人在下面不好好听讲你第一反应是什么？"

他说："直接扔粉笔头过去！"

我问他："是不是觉得老师没有受到尊重？"

儿子点头。

"那以后能不能体谅一下老师呢？上课听老师讲课，不给老师找麻烦。"

他干脆地说："可以。"

最近跟儿子关系好了很多，他开始告诉我更多学校的事情。他说同学们上课聊天的话，老师会特别生气，把凳子摔得特响，像小孩子一样发脾气。那些没写作业的学生，要趴在地上完成作业。

孩子们还编了儿歌，"老师来了，孩子乖乖；老师走了，孩子自由"。

这些孩子当着老师的面一个样，背着老师另一个样。孩子们在这样的环境下，快成精了，孩子们想着法儿在教室内生存啊。

画云：让孩子觉得大人像小孩子一样有脾气，是我们成年人最不该做的。但不论是老师还是家长，都有"撒泼"的时候。我会告诉我的孩子，跟老师学的是技能，在情感方面老师有时会有孩子气的一面，要把老师传授知识的能力和老师的为人分开来看。跟老师学的是知识，这样孩子上课时候的感觉会得到调整，对老师的脾气会更客观地对待。

丽洁：虽然老师都是经过教育学、心理学等专业学习的，但跟我们内心期待的有耐心、有爱心、擅长引导孩子的老师形象，还是有很远的距离。

画云：我在37岁时才明白，尽管我妈妈有这样那样的问题，但是她在自己的能力范围内，做到了她的最好。

就说我们自己，我们都希望做孩子的好妈妈，但因为我们的能力有限，做了很多在孩子眼里、在自己心中不是好妈妈的事情。

老师也一样，他们有专业知识，但还需要不断地提高修养。修养不会因为她是老师，你是家长，就自动具备的。

丽洁：最近我意识到，孩子需要家庭的丰厚滋养和包容。家长修养先强，孩子内心才会强，我要加快自己的内心塑造，提高行为修养，才能帮到孩子。以前总是无力地希望上帝给我一个乖乖，希望孩子像我那样听老师的话。我总想逃避直接面对现实中这个乱动的小子，内心充满了焦躁，苦恼他为什么就不能如我想的那样。最近我的心放宽了好多，觉得应该先努力装填自己，而不是捏塑孩子。

好多育儿的道理以前就听过，但真正落到实处必须有个痛苦的挣扎。要在狂躁、忙乱中让自己渐渐平静下来，坚定前进的方向。

画云：你的醒悟还有你和孩子的互动，真好！你的我际关系变了，你就变了；你变了，对待孩子的方式就不一样了。

事件：孩子上课不遵守纪律		
解释	解释的重点	感觉
孩子就是爱惹事，不听话	孩子的问题	焦虑，烦闷
我的修养要提高，才能帮到孩子	我更需要提高	心态平和、理性

还有一件事很重要，就是孩子守纪律的时候，你会怎么说？

丽洁：告诉孩子，继续努力！

画云：哈哈哈，听起来像是上级领导对下级的肯定。就说这些吗？有没有做点儿别的？

丽洁：没有啊。

画云：我问你，你做菜怎样？你丈夫喜欢吃吗？

丽洁：他还蛮赞赏我的厨艺的。

画云：对比一下，他品尝完你做的菜后说：

1. 做得不错，继续努力哈！

2. 为了做菜，你一定花了不少心思，很感激你的劳动带给我们一家的快乐！

你喜欢哪种说法？

丽洁：让我继续努力远没有后边的说法让我开心，继续努力的说法不一定达到让我努力的效果，但是后一种说法一定会让我继续努力的。

画云：没错，因为他对你付出的努力表达了感激。儿子努力没违反纪律，老师不告状，你和家人感到轻松愉快，难道不该感激孩子所做的努力吗？

告诉孩子你的快乐有他的功劳，孩子语言有限，可能表达不出你的感激带给他的感觉，但是他一定深受鼓励。对孩子的努力，你完全可以"上纲上线"，比如跟他说"你的努力让你在所有人，无论老师、同学，还是爸爸妈妈面前都更加有尊严、有自信"。这样的语言提升的是孩子的精神，这样的感觉孩子一生都不会忘。他会在不知不觉中做更多努力，来给自己那样的感觉，这就是自觉的动力！

事件：孩子表现好的时候	
你的解释	孩子的感觉
就应该这样	没人在意他的努力
孩子表现好，是他努力付出换来的	他的努力被珍惜

画云：孩子的努力带给你快乐，你一般怎样表达你的感激，比如有什么奖励吗？

丽洁：他也没什么非常想要的，喜欢巧克力，但没有也没关系。

画云：我说的奖励不是物质奖励，是精神方面的？

丽洁：精神方面？

画云：孩子最喜欢做什么？

丽洁：和我们痛痛快快地疯玩。

画云：跟爸爸还是跟你？

丽洁：跟爸爸，因为爸爸更投入，我玩的时候从来都不能100%投入。

画云：如果让你跟孩子表达"他的努力给你带来了更多快乐"的话，你会怎么说？

丽洁：你不犯纪律错误，说明你长大了，我就不像以前那样担心了。

画云：你有这样的经历吗，你的老板或你的丈夫非常希望你改变做某件事的方式，你费了很大劲改了，可对方给了你"早该如此"的态度？

丽洁：明白。

画云：所以对孩子的努力表达感恩时，最好就纯粹地表达感激，不要用担心之类的话，还是要把重点放在孩子的成长上，你可以问问他："你表现好，老师高兴，我和爸爸高兴，但是最高兴的是谁？"

丽洁：他会说是他自己。

画云：所以大家一起庆祝他的努力带给所有人，尤其是他自己的快乐，而功劳是孩子的。我们通常"不赞扬孩子的努力，而总盯着孩子的问题"是大错特错的做法。

三个月之后。

丽洁：孩子遵守纪律没问题了，我想可能跟我不再每天追着他问、嘱咐他有关，只要老师不找我，我就感激孩子守纪律。这不，老师已经三个月没找过我了。孩子的成绩有了改善，老师看孩子顺眼多了，老师和孩子的关系也好了。

感悟

现有的教育体系中，老师可以改变或影响学生和家长，家长可以改变或影响孩子，但却很难触及老师。我们没有一个可供三方共同沟通以帮助孩子的平台。在这样的客观环境下，家长可以通过角色演习、跟孩子聊天的方式，了解孩子在学校的生活，尤其是老师不会告知家长的部分。帮助孩子改正问题时，改变惯有的无效的唠叨的方式，多关注孩子的努力和优点，一旦和孩子的关系改变了，孩子的进步就会在眼前！

6. 学会道歉是一种体面

念秋：我儿子语哲9岁，天性随我，耿直守规则，也要求别人守规则。遇事不太会拐弯，容易激动愤怒。我喜欢做事但不善交往，因此在引导孩子和别人相处方面感到有些无助。

举个例子，语哲喜欢踢足球，昨天场地紧张，教练就安排5个男生对战15个女生。因为男生踢得很猛，一位女生的爸爸就上场帮女队踢。

这个爸爸踢得特别投入，还常拉语哲的胳膊。等这位爸爸真的踢进了球，语哲情绪大变，非常气愤，干脆不让这个爸爸上场了。

10分钟后，语哲和一位男生不知为何动起手来，被第二个爸爸拉开，语哲不依不饶，这位爸爸被激怒了，向语哲大吼。语哲也不示弱，手还指着人家反驳。这位爸爸火大了，开始咆哮："你再用手指我一下试试！"

我实在看不下去了："这位爸爸，语哲是我的孩子，我来管他，他现在情绪激动，要冷静一下。"第二个爸爸说："你这个妈妈太弱了，这样不行。"

我没回应他，他怎么看我的育儿观，那是他的事情。不过，语哲这样处理问题会激化和他人的矛盾，也容易让自己受伤，我很心疼。

踢完球，我和语哲去了公园，谈起他和第二个爸爸的冲突，我告诉语哲，这件事情中他和那位爸爸都有责任，我非常担心他的情绪会给他的身体带来伤害。儿子看我哭了，放松了很多，也流泪了。

我建议语哲把这件事讲给他爸爸听，希望爸爸帮助他，他摇头说不敢。

当晚我们一家三口去吃比萨，中途第二个爸爸给语哲爸爸打来电话，语哲爸爸认真地听，孩子紧张地听。最后语哲爸爸说了解一下情况，并感谢这位爸爸特意打电话来道歉。

我跟语哲爸爸讲述事情的经过时，孩子几次委屈地流泪。爸爸对语哲说："你和这位叔叔都有各自对和不对的地方。叔叔第一句话就是道歉，你愿意和叔叔说句什么吗？可以不是道歉，比如明天球场见。"孩子说不愿意。

画云老师，我想知道如何让孩子通过这件事情学点什么，比如情绪处理，比如怎么道歉，我需要您的指点。

画云： 谢谢你的信任！孩子很认真，讲规则，面对成年人，敢于表达自己的不满，有血气，有英雄情结！你在面对训斥你孩子的成年人时，干得非常漂亮！

这个爸爸也是性情中人，知道自己的失礼，道歉了，也很棒！

如果我是你，我可能会跟儿子说："第二个爸爸发脾气，失了风度；但他道歉，又让我看到了他大度的一面。"

关于儿子是否道歉，我会说："真诚致歉，不代表软弱，是内心强大的表现。能让大人感受到你的大度，能让第二个爸爸感到不好意思的少年，才是真的牛！"

关于情绪：孩子在这样的情况下发脾气，正常。语哲让我看到了少年时代的自己。告诉儿子，我为他的投入和守规则的精神点赞！

关于怎么跟孩子谈情绪控制，你先来听听两种表达方式：

第一种：你一定要控制情绪，不能有火就发，耍小孩子脾气；

第二种：遇到这样的事，你有火，我理解，可怎样表达不满才会让人觉得不孩子气呢？要先告诉自己：我看不惯这样的事情，我很生气。然后要问自己：我是要发火还是要解决问题呢？你那么聪明，一定是要解决问题的。给自己5秒钟,这样在心里默念:5、4、3、2、1。科学研究表明,等你数到1的时候,你大脑中的前额叶皮质会被叫醒,帮助你缓解激烈情绪,做更理智的决定。

你觉得这两种说法,哪一种会让孩子更容易配合?

念秋:第二种。

画云:是的,先理解他,肯定他的情绪。孩子得到了理解,就愿意听你的办法,给办法远远好于上纲上线地说教。孩子需要时间来锻炼情绪控制的能力,只要有进步,就请给予他鼓励。

念秋:您的话让人听完特别舒服。我一定会温和平静地告诉他。我一贯觉得先引起不愉快的人,把事做错的人,一定有问题,我没将事和人分开。因此没能正面引导孩子勇敢地承认自己的错误,孩子要为自己做得不好的部分道歉。

画云:关于道歉,我得多说几句。不管怎样,道歉会让人非常不舒服,没人愿意谈自己弄糟的事情,没人愿意让别人看到自己非常脆弱的样子。但是请告诉孩子,承认错误看起来很伤自我,但是你的伤会帮助对方感觉好过些,不再对你有那么强烈的怨恨,你也会更快结束你的纠结!

真诚的道歉不仅能释放你的罪恶感,也会缓解和冲突方的矛盾,修复并建立起更好的关系。道歉就像是圣诞节的礼物,与接受相比,给予是更好的选择。

如果孩子担心自己道歉,不知对方怎么反应的话,不妨给他讲讲下面的故事:

哈佛商学院在2014年的一项研究是这样进行的:11月的一个雨天,在人头攒动的火车站,一位研究人员用两种不同的表达方式向陌生的旅客借用手机:

第一种:对不起,这样的天气给您带来不便,然后向对方借用手机;

第二种:什么都不说,直接问对方借用手机。

面对第一种表述有47%的人同意借手机,第二种只有9%的人同意。

尽管天气不好不是他的错,尽管他的道歉听起来是多余的,但因为他遗憾雨天给对方带来了不方便，他的歉意帮他赢得了对方的好感，对方更愿意借给他手机。

这个实验也在间接地告诉我们，原谅他人是人的本性。

告诉孩子第二个爸爸原谅他的可能性是很大的。

另外，还要注意几点细节：

1. 道歉要简单，承认错误承担责任，表示怎样改正，请求原谅。

2. 道歉时不找借口，不降低严重性，不谴责对方。

3. 当面道歉时，真诚的眼神和态度尤为重要。

无论如何，孩子道歉一定要等他情愿的时候。强迫道歉，效果不会好。道歉是一种有修养、气度的表现，不是屈从、软弱和认输。

这里的关键是：关于道歉的观念要改变，还要学习正确的道歉方式。

念秋： 我知道我的问题在哪了，我把做错事的人当作坏人，我认为坏人不值得我道歉。还有就是，我之前一直以为道歉就是在说自己不好。

5个小时后……

念秋： 上午儿子主动给第二个爸爸发了语音，他说："对不起，我那天脾气太大不礼貌，我以后不再这样了。我们场上是对手，场下是朋友，下午踢球见。"

画云： 儿子真男人！快说说你是怎么说服儿子的？

念秋： 我没说服他，只是和他认真分享了您给我的回复，孩子常跟我一起听您的音频，非常佩服您，他认可您说的"道歉不是认输服软，而是大气"。

我对道歉的错误理解，导致孩子反感道歉。感谢您，让我知道了道歉是一种修养和气度，与对错好坏无关。

画云： 孩子学到人生非常重要的一课。

念秋： 人生的道歉课，是我和语哲一起学习的，关键是由您亲自带领学会的，特别感谢！

画云： 有几件事我很好奇，请帮我问问语哲，好吗？

第5章　角色互换，让孩子学会沟通的快捷键

1. 他反对道歉时，心里是怎么想的？
2. 后来又是什么让他决定道歉的？
3. 道歉后他感觉怎么样？

这次，语哲亲自发语音回复我说："我反对道歉时，觉得自己明明没错，为什么要道歉啊？后来决定道歉，是因为我觉得应该和好。道歉之后感觉好轻松、好舒服啊！"

感悟

现实生活中，父母子女间、兄弟朋友间、同学同事间，因小事产生的冲突，最后不断升级到争吵、打骂、暴力，甚至产生犯罪行为的情况时有发生。一个人如果能控制情绪，对自己的过失勇于道歉担责、勇于改正，很多问题都会迎刃而解。我们都应该学会正确的道歉方式，我相信一个会道歉的妻子或丈夫，会得到家人更多的爱；一个会道歉的同事，会让团队有更紧密的关系。我们和孩子一起学习正确的道歉方式，做个大气的人！

7. 孩子在学校被排挤怎么办

孩子学习不好，家长可以帮忙或请人帮忙辅导；孩子身体不好，家长可以悉心照顾或带孩子去看医生；而让其他孩子喜欢你的孩子，就由不得父母了。

孩子成长的过程中，父母除了担心孩子的学习成绩、身体健康外，再就是会很在意孩子的人缘怎么样，在小朋友中是否受欢迎。如果孩子在学校不受欢迎，你能想象家长会有多么焦虑。

我的学生罗翰，10岁，有一天放学回家告诉妈妈："同学们都不跟我玩，老师最不喜欢的人就是我，我不要上学了！"

你的孩子有过类似的说法吗？

我女儿小时候常有这样的抱怨，我的本能反应就是："哎，一个同学不跟你玩，可能是那个人的问题，大家都不跟你玩，你说那是谁的问题，当然是你的问题，是不是？老师喜欢别的孩子比喜欢你多，很简单啊，那是你不招老师喜欢呗，是不是？人家孩子都能高高兴兴地去上学，你不想去，明显是你有问题，是不是？"

女儿出现这样的问题时，我极为焦虑，我的焦虑不仅仅是因为担心孩子，更多的是不知道在孩子面对这样的情形时该教她怎么处理。我要么着急给孩子一个关于团队精神的演说，要么质问孩子到底做错了什么，要么指责其他孩子或者老师，等等。

现在，10岁的罗翰说出这样的话，他爸妈非常担心，不知该如何是好，这件事成了他们家的"头等问题"。罗翰父母希望我能帮助儿子在学校好过些。

我问罗翰爸："面对罗翰的情况，你怎么看？"

罗翰爸说："我知道他在学校不受欢迎是因为他爱多嘴！"

"那他在家偶尔多嘴的时候，你怎么说他？"

"我告诉他，你就是因为这样才不受欢迎的，明白吗？你怎么就不知道改啊？这样下去，不被排挤才怪了，被排挤是活该！"

罗翰爸说他偶尔还会因为罗翰多嘴打他。

罗翰爸描述这些时，我突然看到了小时候的自己。那时我大概六七岁，不懂大人说话时不能随便插嘴。我一插嘴，父母就会呵斥我住嘴。因为插嘴，兄长给我起个外号，那个外号被家人叫了好多年，是我少年期间受到的最大的伤害之一，至今都不愿意再提起。我感受到的是被自己的家人嫌弃，被自己的亲人排挤！

我告诉罗翰父母，事实上罗翰在情感方面正处于紧急状态，安全感受到了威胁。在保证孩子有安全感之前说教孩子，时机不对。

能看得出，我这样说，罗翰父母一头雾水。

于是，我和他们一起做了个对比，来说明对孩子说教必须选择合适的时机。

事件A：孩子感到同学们都不喜欢他，孤立无援。（情感上的紧急状态）

事件B：患者不小心摔断胳膊，流着血，哭着到医院。（身体上的紧急状态）

两种事件中的说教对比

事件A	事件B
孩子：同学都不理我，老师最不喜欢的人就是我，我不要上学了！呜呜……	患者：我从自行车上掉下来，胳膊好像摔断了，快帮我包扎吧！呜呜……
妈妈：哭什么哭，有什么好哭的？别哭了，把眼泪擦干净，瞧你那点出息，最讨厌这样哭哭啼啼的。	护士：吵什么吵？吵死了，谁让你自己不小心的？有那么疼吗？最讨厌这样哭哭啼啼的。
（妈妈不理睬孩子心理上的紧急需求。）	（护士不理睬患者身体上的疼痛。）
妈妈：老师和同学都不喜欢你？一个同学不喜欢你，我可以理解，两个不喜欢，也能勉强理解。同学们都不喜欢你，那你说，谁有问题？啊？那一定是你不合群！	护士：你是怎么搞的？一个大活人能从自行车上掉下来摔成这个样子？我说你戴头盔了吗？带护膝、护肘了吗？肯定没带，带了吗？
（妈妈分析，一切都是孩子的错。）	（护士分析，一切都是患者的错。）
孩子：我，我……	患者：我都快疼死了，你倒是快点给我止血啊。
（孩子需要妈妈心疼，但说不出来。）	
妈妈：我，我什么？你这样的情况有好多次了，你得好好反省一下，我不想这样的事情再发生了。你先反思一下，到底错在哪里了。反思好了，跟我说说你以后打算如何和别人搞好关系，否则，继续反省，直到想出来为止。	护士：止血？那么快就给你止住血，你下次还能记得吗？这会儿多流点儿血，多疼一会儿，没坏处，下次你就记住教训了。我这么做是为了你好，反思一下如何避免同样的事情发生，想明白了，我自然就会给你包扎。
（妈妈说教。）	（护士说教。）

罗翰妈若有所思："这两种处理方式在实质上真没多大区别，没想到我的做法会给孩子我很冷漠的感觉。"

"没错，我们做妈妈的，没人想冷漠地对待孩子，但是，因为急于管教孩子，我们的说教在孩子那里很可能被理解为'妈妈是冷漠的'。"

罗翰妈默默地点着头，没有说话。

"孩子被这样数落一通后,我们还能期待他们明白妈妈的好意吗?肯定不能!孩子遇到事情后,尤其像处在这种情感上的紧急状态时,我们的方式方法将会在孩子的记忆深处留下底片。"

我觉得自己的分析说服了罗翰父母,然后就上面的两个事件重新做了对比。

先对"需求"讲话,然后"理性"分析

事件 A	事件 B
孩子:同学都不理我,老师最不喜欢的人就是我,我不要上学了!呜呜……	患者:我从自行车上掉下来,胳膊好像是摔断了,快帮我包扎吧!呜呜……
妈妈:被同学们这样对待很痛苦,我了解你的感受,我小时候也有过这样的经历,我知道你的委屈,来,妈妈抱抱。不管什么发生,记得妈妈爱你!	护士:一定很疼吧,来,到这边来,我先给你把伤口清洗一下,消消毒,然后上药包扎,你再忍一小会儿就好了,坚强点儿哈!
(妈妈给了孩子安全感。孩子的感受得到承认,确信妈妈理解他,心就会静下来,也就有了安全感。)	(护士确保患者得到了照顾,患者的心理得到了安慰,甚至伤口的疼痛都减轻了。)
妈妈:什么坎儿都会过得去的,先去洗个脸,妈妈给你弄点吃的。	现在是跟患者讲安全问题的时候了!
(妈妈完成了对孩子情感的急救,现在是要知道细节的时候了,开始理性谈话。)	
妈妈:到底发生了什么?	
(这个时候孩子才能没有顾虑地分享他的经历。)	

我和罗翰的父母再次强调:孩子处于情感紧急状态时,父母首先要做的不是管教数落,而是要安慰孩子。孩子有了安全感,才会放心地告

诉我们真相，才会听我们的理性分析，才会和我们一起寻找具体的解决方法。

之后，罗翰的父母和儿子进行了耐心的谈话并找老师交流，了解到罗翰的问题是在学校说话太伤人。他和别人共事，别人都得按着他的意愿来，谁若持有不同意见，罗翰会说出让人非常难堪的话，慢慢地罗翰在班级里成了不受欢迎的学生。小组做事时，没人愿意和罗翰一个组。

其实，在罗翰上我的课程时，我对他有过观察，他喜欢讲话，善于夸张，夸人的时候能把人捧到上天，比如他会对演说好的学生说："真想把你的声音录下来，每天睡觉前来听听，然后美美地睡去！"但同时又会对演说能力不强且他不喜欢的人非常刻薄："你的声调太高了，请怜悯我，下次你讲话的时候给我一副耳塞！"

有一次，一个在演说中不习惯用肢体动作的学生刚一讲完，他就问："吆，我看看，你这不是有胳膊有腿吗，怎么不见你有任何动作呢？"

想到罗翰喜欢"指手划脚"，喜欢做游戏，我设计了一个包括罗翰、他父母和我的4个人的活动。

在活动中，我建议罗翰给我们三个大人当领导，指挥他父母和我的行动。罗翰一听他能对我们发号施令，大大的眼睛放着光芒，边欢呼边跳了起来。

"不过，我的条件是：你在每个人发言后，都要给那个人积极的评价，不给任何人任何负面反馈。"

我告诉罗翰我的条件时，他还正在为能指挥父母和老师感到兴奋，因此我说什么他小子都笑嘻嘻地答应。

活动是这样的，我们4个人先读同一段故事，然后就故事的内容进行讨论。

罗翰的任务是给出问题，比如"为什么莎俐那么伤心？"

罗翰先面向我问："Ms. Lisa，你能告诉我们为什么莎俐那么伤心吗？"

我回答后，根据游戏规则，罗翰要抓住我做得好的部分给予评价，像是"不错，很好的看法。""哦，我还真没想到这点。""很有创意的说法。"

罗翰给我的评价是："我很喜欢你角度！"然后转而问妈妈同样的问题，妈妈说话的过程中，我能感到罗翰多次忍不住要"评头论足"，要"指正妈妈"，都被我用眼神制止了。最后罗翰给了妈妈肯定的评价。到爸爸发言时，明显感到罗翰已经把注意力放在听爸爸回答问题上而不是抢着评价上，最后他肯定爸爸的分析是他没想到的。

第一次游戏后，我们都说罗翰是个很好的指挥官，感激他给每个人发言的机会，更感谢他的评价和鼓励。

活动后我提醒并鼓励罗翰："活动时，你给我们机会，鼓励我们，这是很强的领导力，因此我很愿意和你合作。"

我建议罗翰父母在家里让罗翰和哥哥妹妹一起做类似的游戏。

在我的课堂上，我也有意识地让罗翰扮演指挥官的角色，当然要事先跟他约法好几章。罗翰因实践过整个过程，对我信服，对我的规则也自然往心里去。

他在课上做指挥官时，我能看到他在尽力给别人讲话的机会，赞赏别人的做法，每每这样的时候，我发现他会用眼神寻找我，我会及时送他大拇指！

演习和实践一段时间后，罗翰体会到了给别人发言的机会和鼓励别人的好处，他在自己学校、我的课堂和家里都表现得越来越合群了。

试想，如果在罗翰10岁的时候，没人及时帮助他解决不受欢迎的问题，长大后他遇到被排挤的事情时，他处理这个问题的能力可能还是10岁时的水平，他仍旧不知道怎样能变成一个受欢迎的人，那样的情况下，他的挫折感会倍增。

做父母的多学习，多改变自己，提升自己，想出好的办法帮孩子，才是会爱孩子。不然我们对孩子深切的爱，可能会转化成恨铁不成钢的谩骂、体罚或说教，这样的爱在孩子眼中是冷漠、是伤痛，跟爱不搭界！

罗翰不受欢迎，是他沟通能力的欠缺造成的，父母老师跟他讲理是不能填补这份欠缺的，对吧？而设计相关的活动，在实践中帮助他成为群体里更受欢迎的人则更有效果。

不知为什么，人类的父母总是相信说教能解决孩子的问题，这是亲子关系中极大的误区！

孩子不会骑车，父母给孩子示范，耐心地在一旁护着孩子骑车。因为我们懂得骑车，我们不会因为孩子不会骑车跟他讲道理，要骑车就得骑到车上，要游泳就得下水。可是当孩子的问题跟思维方式或软实力有关时，孩子的问题就变成了麻烦，很多时候父母不知道怎么解决，于是在自己也不能处理麻烦的情况下，就开始说教，大人释放了因无能产生的烦躁，孩子得到的是一堆情绪垃圾。父母的说教本来是希望孩子变好，可说教后的结果是孩子仍旧不知道怎么改，还给孩子不愿意和父母沟通提供了充分的理由。

我们很多父母在孩子不受欢迎的时候，简单地觉得孩子特倒霉，没遇上好人，担心孩子幼小的心灵接受不了，甚至留下阴影。其实看一件事对孩子来说是不是倒霉的事，是不是所有的挫折对孩子来说都不好呢？我的判断是，如果类似的事情是孩子人生中不可避免的，那还是早点发生的好。比如受排挤，听起来是件让孩子非常痛苦、让家长非常不安的事，不过被排挤这事在成人的世界也是一定会发生的。

孩子被排挤的事情，处理不好的话，等孩子长大成人后，同样的事情发生时，孩子儿时可怕的经历会让他对被排挤充满恐惧，不但问题得不到解决，说不定还会使问题升级。没有人愿意孩子被排挤，一旦发生也不必大惊小怪，如临灾难，而是应该把握机会，妥善处理。处理得好，孩子就有了经验，不仅平时会防微杜渐，避免类似的事情发生，即使有类似事件的话，孩子也会有能力及时调整自己。

孩子就是孩子，孩子有很多不懂的东西。罗翰不知道怎样成为受欢迎的人，我们不应该把这件事看成一个问题，而应该把它当作罗翰训练做人的大好机会。我们的老祖宗在"机会"前用的动词是"把握"，希望父母和老师们利用孩子的特质，把握"好麻烦"的出现，并将此当作机会，给孩子们指一条更好的路！

孩子出现问题，尤其是父母认为很严重问题时，父母第一要关注的不是管教，而是孩子的安全感。让孩子知道他六神无主时，父母一定和他站在一起。不管他的错误有多不堪，父母都应该把孩子的利益放在首位，多给予温暖，多想想办法，零指责！

事件：罗翰在学校不受欢迎	
和画云交流前	和画云交流后
解释：孩子受同学排挤	解释：是孩子成为受欢迎的人的机会
感觉：恐惧，担心，怨孩子	感觉：有了安全感
行动：质问孩子，对学校不满	行动：和孩子亲身试验，帮孩子弥补思维观念上的欠缺
结果：加深孩子的孤独、自己的无望	结果：孩子感受到父母的爱，学会方法，不再有被排挤的现象和感觉

感悟

孩子的世界和成人的世界很像，我们改变不了别人，能做的就是改变自己！孩子受排挤，多数是孩子本身缺乏某些沟通的技巧。在不能强迫他人喜欢自己孩子的情况下，我们一要找到孩子的问题，二要找到能让孩子亲身体验实践的办法，从而帮助孩子改正自己，切忌说教惩罚！

Chapter SIX

第 6 章

多给一点自由,孩子更独立自主

1. 想给她点钱，咋就那么难啊

前几年回国，曾和一位朋友聊起他的儿子，朋友很欣慰地告诉我："儿子在北京找到了工作，找了媳妇。我们老两口给他们小两口买了房子，都装修好了。这不，我的积蓄不太够，亲家公挺帮忙，总算没让儿子媳妇在外面丢面子。"

朋友说话时的样子叫满意，叫如释重负。

"就是说你把积蓄都给儿子买房结婚了？"

"是啊，就这么一个孩子，我那点儿家当最后还不是都留给他，早晚都得给，为啥不在孩子最需要的时候给呢？"朋友说得理也直气也壮。

"那你和嫂子基本没负担了，可以多出去玩玩了。"我建议道。

"玩？那可不行，我和你嫂子商量好了，接下来得攒钱给他们买辆车，现在年轻人都有车，咱孩子也不能没有啊。孩子们都刚工作，没什么积蓄。"

听到这里，我没忍住："你有完没完啊？"

"我和你嫂子不管他们，谁管啊？这不你嫂子现在学着做月嫂呢，准备再多挣两个，给孩子添补点儿！"朋友说完话，腰板直了不少。

我的另一个朋友，事业很成功，在北京有几套房子，随便出售一套

就几百上千万,女儿大学毕业好几年了,一心想成为高级白领,对工作有三"不"要求:

1. 压力不大;
2. 薪水不低;
3. 离家不远。

刚开始试了几家单位,没中意的,和同事很难相处,不愿被老板摆布。妈妈心疼女儿,就说没关系,我们没必要为了一个月几千块钱去上那个班,受那个气,家里养得起你!结果女儿在家一待就是几年,最后越来越没信心去面试了。眼看都快30了,没有一技之长,也没多少工作经历,不能养活自己。朋友着急,但也不能替代女儿去应聘,就这样高不成低不就的,孩子成了名副其实的啃老族。

啃老是绝对不对的,但父母适当给孩子钱用,我觉得是没问题的。但女儿大四时发生的一件事,让我原有的观念被彻底颠覆!

女儿念大四时,有一天,我和丈夫一起开车出去办事,不知为什么,俩人突然聊起万一我俩同时出了意外怎么办。

刚好女儿给我打来电话,我就跟她提道:"万一爸妈出了什么意外,你得担当起照顾弟弟的责任,我们就不找其他的监护人了。"

女儿说希望别有那样的一天,并表示照顾弟弟是她义不容辞的事情。

接下来,我细致地跟她交代了家里的财产细节,有几个账号,每个账号的性质、有多少钱等,女儿一直静静地听着。

当我提到给她和弟弟的账号时,女儿说:"你是节省自己的花销来给我和弟弟存钱,我先谢谢你!但太没必要了。"女儿说话的口气从开始的诚恳到最后100%的坚定,我听得出她不是在跟我客气。

没必要给孩子存点钱的说法,我还是第一次听说,而且说这话的人是我自己的女儿。

我有点小惊讶,试图找给他俩存钱的理由:"我经历过贫穷,这一生都害怕穷,实在不希望你和弟弟再有这样的经历了。"

女儿继续用坚定的口吻说:"请相信我和弟弟都会有能力养活自己,你这样怕我们穷,希望留钱给我们,只能说你对我和弟弟的教育是不成功的!"

这次,我是大惊讶了。这哪儿和哪儿啊?留钱给孩子,这不是做父母天经地义的事情吗?我从来都没有对这件事情有过疑问啊?

我当时惊讶归惊讶,没有多想,接着我的惯性思维说:"好,好,那就不存,攒点钱等你结婚的时候用!"在美国,女方家出钱办婚礼。

"妈妈,你辛苦赚钱不容易,我已经成人,请不要为我攒钱,包括我的婚礼!我大学一毕业,你的经济支持也就跟着彻底结束了!"女儿语气越来越不容置疑。

听到这些话,我一时缓不过神来,这和我平时的想法完全不同!

女儿意识到快言快语的我没再说话,就开始解释:"妈妈,给孩子攒钱对你来说可能是你在尽责,但是对我来说,如果你因为给我留下钱而省吃俭用,没有尽情地享受生活,那我才是大不孝,请不要让我有这样的感觉!如果你相信自己对我和弟弟的培养,就要相信我和弟弟都会有能力过好生活,做一个自食其力的人,这样我们才会有真正的自尊、独立和自由!否则你的教育就是彻底的失败!你希望我有好的生活我理解,可你想过吗,如果我没有完全为我自己的生活奋斗过,你知道我会失去什么吗?"

我对女儿出乎意料的说法感到越来越懵:"失去什么?你指的是什么?不明白。"

"我会失去为独立而奋斗的过程中,与担当和责任相伴的苦痛与快乐。如果我连真正的独立都没有,哪来的自由?"

女儿的话如醍醐灌顶,让我不再困惑了,震惊于女儿的独立之精神,自由之思想!

听到我对她直呼了不起,女儿平静地告诉我:"你曾讲过中国一位大思想家胡适关于独立和自由的说法,还记得吗?"女儿指的是,1946年胡适在北大演讲中说的"你们要争独立,不要争自由"。

胡适这样解释:"你们说要争自由,自由是针对外面束缚而言的,独立是你们自己的事,给你自由而不独立,仍是奴隶。独立要不盲从,不受欺骗,不依赖门户,不依赖别人,这就是独立的精神。"

女儿反对我给她攒钱后,我才对胡适先生那段话有了深刻的理解。

女儿的做法也让我想起了林则徐的话:"子孙若如我,留钱做什么,贤而多财,则损其志;子孙不如我,留钱做什么,愚而多财,益增其过。"何等超脱!原来读的时候觉得特别有道理,但从来没想过会用到自己的生活中。

女儿又补充道:"人独立了才能更好地做自己,更好地掌握自己的命运,这样才有真正的安全感! 人在年少独立过程中经历的苦难,就是积极面对之后人生中各种磨难的保障。你不是一直希望我做最好的自己吗?那就允许我自己来承担我的开销。你已经为我做了你该做的,现在是我要为我自己的生活负责的时候了!"

女儿的话,再加上名家的观点,震惊后的我服了!

理论上我希望孩子该流汗流汗,该流泪时吃苦受罪,换来他们自己劳作的果实,收获做人的尊严。但在实际生活中,真正实践起来的时候,太不容易了。

女儿第一次换工作的时候,并没多少存款,为了让她做她想做的事情,我希望给她节省一些打工的时间,没敢直接说给她钱用,就提醒她,如果需要,我会借钱给她,并收取跟银行一样的利息,她回复说她的经济情况她自己负责。

当妈妈的还是舍不得女儿,借给她钱她不肯,于是我向她发出了工作邀请,请她来我的夏令营上课。女儿是一个非常幽默表达简练到位的好老师,胜过我和我的很多任课老师。我告诉她,我会给她我最好任课老师1.5倍的工资,她在我这里的收入是她打工赚到的好几倍。她居然告诉我,我在想法儿给她钱:"你这样做,请问让我用什么赢得您的尊重?"

我,又一次被拒绝了。给她点钱怎么这么不容易?!

不过,女儿独立不靠父母生活,让我也有了一种小鸟独立自由了的感觉，非常美好！

感悟

女儿成长的过程中，我一直都希望她独立，不靠任何人生活。最终她通过实际行动让我对"独立之精神，自由之思想"有了更深刻的理解。我们的文化中，父母为孩子打算的太多了，我们要放心地让孩子们做自己，出自己的力，吃自己的饭，他们的独立和自尊会在不依靠父母中得以彻底的实现！

2. 允许孩子偶尔任性，锻炼孩子知难而上

"糟了，糟了，这下可糟了！"Timmy搜完裤袋，快速搜书包，那样子让我想起我被开水烫了找烫伤药的慌张，他的声音是惊恐的甚至近乎绝望的。那是他和我生活的14年中，显得最不淡定的一次。

"什么事啊，儿子？"我这一不留神儿，差点把车开到另一条线上。

"妈妈，我忘带手机了，怎么办？这实在太糟糕了，每节课老师都有可能让我们用手机查东西，真是的，我怎么没检查一下就上车了？"

然后Timmy就开始在车座的前后左右搜查。

你找东西时，有过明知道那东西不可能在床底下，还是要趴到床下看一下才放心的时候吗？Timmy当时就那状态。

空忙了一阵儿，儿子终于放弃了，确定地说："手机一定是忘在家里了。"

自从儿子有了手机后，就没忘记过带手机上学，可以说是手机不离身。我一下子有点儿不知道如何反应，首先我不会埋怨他，因为他不是故意的，他也不想把手机忘在家里，我偶尔也有忘带手机的情况。然后想到儿子上课要用到手机，我要不要给他送手机？这个想法在我的思绪中闪了一下就消失了。

因为一时没想好怎么说，我告诉自己，静观事态随机应变。思绪中不断有不同的想法跳出来：

"太好了，让他有一次没手机照样能上学、照样可以活的经历。"

"如果不答应给儿子送手机的话，也许他会很不开心！"

"不管儿子怎么样，我都得控制好情绪，万万不能跟他争执，要想办法加重他对自己的责备。最后的结果一定是他小子怨自己没带手机，以后得注意。不因妈妈不给送手机而对妈妈不满！"

……

我满脑子都是这样的情况该如何应对，我告诫自己：不管怎样，结果都应该是儿子明白这件事是他自己的错，以后记住带手机！

我在大脑里热热闹闹沸沸腾腾地折腾，小伙子一直都沉默不吭声。

到了校门口该下车的时候，小家伙没挺住，几乎是央求着："妈妈，你能给我送手机吗？"嘴翘着，眼睛多眨了好几下，很是无辜可爱！

我不忍心再看孩子那真诚恳切的模样，害怕自己会因心疼而改变主意，我让自己的目光溜达到车身上，无声地吐出一口气，说："哦，实在对不起，今天事太多真没时间送。"可能我所有的犹豫都让吐出的气给带走了，我听出自己声音里的坚定与温和。那一刻我还骄傲地跟自己说："利索！态度明朗，好样的！"心里暗自对自己"肃然起敬"了一下。

"我爱你，妈妈！"沉浸在满足中的我，突然听到儿子边下车边告别，声音里没任何怨气。

"我更爱你，儿子！"对儿子的态度我既感到愉快又略感惊讶，与儿子的眼睛对视后，确认那眼神里没任何怨气。

下午儿子放学后，我很想知道早上我没答应给他送手机，他是怎么想的？

儿子笑嘻嘻地说："我啊，早就猜到你不会给我送的，你还真没让我的猜测落空，哈哈哈。"儿子什么时候都不忘玩笑。

"哈，你既然都猜到我不会给你送了，为什么下车的时候还要再问一次啊？不是自讨没趣吗？"我有些不太理解。

"这你就不懂了吧？！"儿子靠在沙发上，一副神秘又自豪的神情，在那儿跟我卖关子。

"哼，好像还挺有学问的？"我也加入了放松神经的努力中。

儿子眯起右眼，拍着沙发示意我在他的左边坐下，然后很正儿八经地说："你看见没？我问你能不能给我送手机，我就有了一丝希望，不问的话，就100%没指望了，懂吗？"

看着我非常认真地点头，儿子接着"说教"："生活中你一定要记得，说什么都不能让希望死在你自己的手里！"此情此景，我反而像个孩子了。

儿子在知道我给他送手机的可能性微乎其微的情况下，还坚持"最后的挣扎"，往好听了说叫"坚定争取"的精神，这一点让我想起我的同乡J。

J长得看上去比同龄人至少要大5岁，她家境一般，肤色偏黑，人瘦得与身高很不协调，相貌够不上漂亮，倒也干净利落。J念大学的时候，与众不同的是谁她都敢追，而且只追帅哥，那叫追帅哥无上限。大家都替她犯难，觉得她挺有点条件不从心愿的。可是，人家J就是不服气，最后还真的追到了一个帅哥。

开始帅哥怎么都不理睬J，可J锲而不舍。帅哥是个中长跑运动员，身高一米八，前额阔挺，天生卷发，加上那迷人的甩头动作，在操场上常常吸引一众女生的目光，他自己也非常享受被那么多女生仰慕的感觉。

帅哥每次训练完或者比赛完，不管成绩怎样，女孩子们都争相上前照顾，递水的、拿衣服的、嘘寒问暖的。人家J不做这些，她去宿舍给帅哥洗袜子刷鞋，遇到帅哥和别的女孩打情骂俏也不争风吃醋。有段时间帅哥骨折了，J天天给帅哥背包打饭、洗脚擦药，结果感动了帅哥。最近，J和帅哥刚刚因为同一个小男孩的出生而升级为"爷爷奶奶"。

我对儿子知难不退的做法给予了赞扬，并跟他分享了J的故事。我俩的共识是，有勇气去争取看起来不可能的事，就有了把不可能变成可能的可能。一看可能性不大就认定不可能，即使有点希望，最终也会成为无望。为了自己想要的东西，一定要知难不退！

感悟

父母都希望孩子知难而不退，这同样需要日积月累的训练。平日里，当孩子在合理的范围内稍显任性，坚持要自己想要的东西时，父母要知道孩子的"任性"也不是100%完全不好的。其实孩子是在知难而不退，我会根据具体情况，对孩子最大限度地为自己争取利益给予适当的鼓励，抓住时机锻炼孩子知难而不退的品质。

3. 如何提高孩子的专注力

常有家长说，我家孩子就看电视玩游戏的时候注意力能集中。一写作业，耳朵特好使，什么响动都能听见，很少踏踏实实地做一件事。老师说上课经常开小差，爱管闲事，我这苦口婆心说没用，大动肝火也没用，可怎么办啊？

其实，我女儿小时候就这样。孩子注意力难以集中，是因为神经系统还在发育。一项注意力和年龄关系的研究告诉我们：孩子的年龄和集中精力的分钟数一样，比如，8岁的孩子能集中精力在一件事上的时间是8分钟。但我们也知道，孩子和大人一样，心情好或对感兴趣的事情，注意力会更集中，否则，注意力就容易分散。

那如何提高孩子的注意力呢？多年和孩子学生们的互动，让我总结出三点帮助孩子提高注意力的办法：

1. 让孩子有好心情
2. 把孩子要做的事情分成小的任务来完成，让孩子做起事来压力小
3. 让孩子做事有目标有盼头，让孩子能控制自己的行为

第一个影响孩子注意力的办法是，让孩子有一个好心情，他会更加集中精力。女儿天和小时候，数学考试常不及格，我当时不懂那是她不

喜欢数学老师造成的，就给她找课外辅导老师，辅导老师常留很多作业，我陪天和做作业时，她一会儿趴在桌子上，一会儿玩铅笔，一会儿往窗外望，一会儿要喝水，一会儿什么都不做就在那发呆，我这一火大就嚷嚷，"集中点注意力不行吗？""你就不能坐直吗？""瞧瞧瞧瞧，这字写得七扭八歪的，这桌子上怎么这么乱啊？""人家艾米丽妈说，艾米丽的作业、书包从不让她操心，你再看看你，你让我省点心好不好，坐直了，写！"

就我这样的唠叨，你说能帮助她把注意力放在做题上吗？

我对沟通有更多了解后，跟天和的关系也有了很大改善。陪她做数学时，找她写得好的地方，做对的题夸奖几句，她明显心情不一样。我还常常和她一起以比赛的方式做数学，有时让她比我做得快，有时我比她快，有时和她同时完成，天和很喜欢我这样陪她，对数学就不那么反感了。

她三年级后不仅不再上数学补习班，还对数学更有兴趣了。和孩子一起做事的时候，怎么和孩子互动影响孩子的心情，从而影响孩子对所作事情的兴趣和注意力。

第二个对孩子注意力有很大影响的办法是，把孩子要做的事情分成一个个小的任务来完成，这样孩子做起来压力小。

我在对孩子的年龄和注意力之间的关系有所研究之前，常对我的学生说："现在给你们45分钟写完演说稿哈。"写作过程中，我发现学生们东倒的西歪的，要上厕所的，说悄悄话的，随便走动的都来了，结果在45分钟后完成写作的学生寥寥无几。

对年龄和注意力关系有所研究后，我会给学生这样的指令："现在我开始计时，你要在6分钟内完成演说稿的第二段！"6分钟之后，我会让学生们站起来活动一下，再给6分钟让他们写下一段，完成两段后，做一个小游戏，然后接着再写，通常在40~45分钟之后，几乎每个学生都能完成演说稿的草稿。

我的任务分段对注意力的提高和一项研究的结果不谋而合，研究说，在有指导的安排下，孩子的注意力能达到年龄的3~5倍，像10岁的孩子，好的情况下注意力会达到30~50分钟。因此，注意力的长短，跟父母和老师怎样指导密切相关。

把一个大任务分成多个小任务，孩子压力小，完成后还能放松一下或玩点什么，做事情时集中注意力就不再是困难的事情了。

第三个对注意力很有影响的办法是，让孩子做事有目标、有自由、有趣。我的学生安迪，10岁时参加夏令营，上课的时候他想站在椅子上就站上去，想躺在地上，吧唧就躺下，我执教十几年，从没见过这样的学生。最让我吃惊的是，我制止他的时候，他笑得那个开心，像是我要给他颁奖一样。不管别人做什么活动，安迪都不参加，但喜欢指手画脚，安迪让我见识了什么叫"随心所欲"。

对安迪这样的学生，我知道威胁说教肯定是没用的，因为他爸妈和学校老师管教好多年了都没能把他变成守规则的人，我必须以不同的方式和安迪合作。我抓住安迪不捣蛋的时候，夸赞他能控制自己，找各种机会鼓励他，等他感觉跟我关系不错后，我告诉他："安迪，我有一个特别的任务需要你帮忙。"

安迪很吃惊，忙问："什么啊？"

"我需要一个人来记录在课上谁总是走神？这个人做了什么？这事只有咱俩知道，嘘，别告诉别人，好吗？"

"好！"安迪的声音也跟着低了下来。

"我每天都给你特别任务，条件是你能集中精力做课堂作业，好吗？"

"好！"

安迪忙着记录，偶尔会提醒走神的人集中精力，有意思吧？不论如何，他捣蛋明显少了，我赞扬他的机会就多了，他做课堂作业也起劲了。第二天我告诉他："你今天的任务是记录老师什么地方做得好，什么地方需要改进。"还记得他好像记录了我 5 点好的地方，1 点需要改进的地方：再多几个好玩的活动。

后来我还给了他做小组长的机会，安迪还是会捣蛋，但是因为我给他的特别关注和他感兴趣的事情做，我要求他集中精力做事时，他就很给面子。

夏令营最后一堂课是向家长汇报，安迪爸看到安迪自信地走到台上，眼睛越睁越大，看到安迪用丰富的声音和形体语言演讲时，他骄傲地前后左右张望了一下，好像是告诉大家，"看到没？我儿子！"安迪爸特激动，因为他没想到，那个让学校老师天天抱怨的安迪能有这么大变化，安迪爸眼睛放光，抓住我的手不放。他说，他来的时候想着，只要安迪能走到台上不出洋相，他就心满意足了。

给安迪感兴趣的事做，确实很好地帮助他集中了精力，完成了他的任务。

感悟

如何提高孩子的注意力呢？

1.孩子注意力有限，是人的生长发育规律决定的，不要惩罚孩子注意力不集中的行为，尽量亲密和孩子的关系，帮助孩子有个好心情。

2.把大的任务分解成短时间内容易完成的小任务，小任务间设计好玩的活动，保证做事的效率和效果。

3.给孩子一个目标和他们感兴趣的事情，让他们自由、主动地去发挥，你会看到意想不到的结果。

4. 如何让孩子不受校园负面环境影响

2016年特朗普当选美国下届总统的消息，震惊了世界，全球各阶层人士都在深切地关注美国的局势。美国选民对特朗普胜选众说纷纭。在美国很多城市的街头出现抗议游行，激进的人们把怒气撒向不同政见者或少数族裔身上。据CNN报道，美国各种不同形式的防自杀和危机热线电话，在特朗普当选后立即打爆，并连续几天处于打爆状态。人们因大选结果愤怒、哭泣，甚至自杀。

不管两位候选人——特朗普和希拉里，在大选后有怎样的演说，现实状况是：街上有游行，大学有罢课。儿子Timmy所在的高中也出现了令人不安的情况。

大选日之后，Timmy学校的楼梯过道上，就有人用粉笔涂鸦了一堵墙，墙上满是类似"砌国界墙！""送希拉里去监狱！""特朗普势不可挡！"等字样。

种族歧视的侮辱语言弥漫着整个校园，有学生会指着穆斯林学生喊："快看，这儿有恐怖分子！"

有个黑人学生走向咖啡厅时，一个帽子上有拥护特朗普标识的学生走近他说："咳，黑鬼，你今天到哪片棉花地摘棉花啊？"

有的学生怒吼西裔学生:"滚回墨西哥!"

有两个白人女孩把两个黑人女孩推到墙角,然后大笑着走开。有人说看到一群男孩把一个穆斯林女孩的头巾扯掉了。

10号,有人在推特上声称要带枪到学校,让我体会到自己孩子身处危险环境下的担忧。尽管学校照常开课,但Timmy和他的好几个朋友决定不去上学。我尊重他的决定。后来收到校长的信,说消息是假的,学校增强了警力,还增派人员维护安全,我才在当天中午送Timmy去上学。

Timmy告诉我,有人把带有宗教和政治标记的衣服扔到湖里,枪和刀的威胁成了同学们谈论的中心话题。尽管学生们都还没有投票权利,但有些热衷政治的学生会强迫不同政见者或中立人士接受自己的政见。

作为中立人士,Timmy说他尽量在学校避免和任何人冲突。他总是和朋友们在一起,远离混乱的区域。不过,他担忧他的少数族裔朋友或他自己会受到攻击。

遇到这样的事情,我一时也不知道怎样帮助Timmy,我和他再次重温了特朗普和希拉里大选后对彼此的说法和对选民的呼吁。

尽管在竞选时,特朗普和希拉里互相揭短谩骂,但特朗普在获胜演说中赞扬希拉里,说她在这场持久的选战中持之以恒地奋战,拼尽了全力。特朗普感谢希拉里对美国的服务,希望所有的共和党、民主党和独立人士,重新作为美国人站在一起。

希拉里发表败选演说时,身穿带有紫色的上衣,克林顿戴紫色领带,紫色是红色(共和党)和蓝色(民主党)的混合色。他们这样做,为他们的支持者们定下了基调,就是一起向前,不再分裂。希拉里明确表示:她愿意为了美国和特朗普共同努力,并希望特朗普能够成功地做所有美国人的总统。希拉里认为美国国民远比大家想象得更分裂,但她对美国充满信心,并将一如既往为美国服务。她呼吁支持者们和她一样,接受大选结果,面向未来。她说特朗普将成为我们的总统,我们应当用开放的胸怀去接纳他,给予他领导美国的机会。

我告诉Timmy,任何让美国更分裂的行为都是不可取的,Timmy说他希望自己的学校还能像以前一样，同伴间没有伤害。

当天晚上，Timmy 眼里放着光告诉我："妈妈，我想出了缓解同学间紧张关系的办法，我要试一下！"

"快说给我听听！"

"我要把同学们组织起来，做大家都关心的事情，但不涉及政治。现在上 IB 课的所有学生都很在意学习成绩，最自然的办法就是同学们同心协力来攻克课业难题。在 IB，每个人都愿意分享自己想法的是生物和人文科学。我们马上要有一个人文科学考试，所以我想从做考试的准备入手。"

我这儿还在消化 Timmy 的话，就见他急速回到书房，把支持特朗普、希拉里，还有中立的同学们组织在一个线上学习小组里。一开始，为了让这个学习小组有号召力，Timmy 先找几个不随便发表政治言论，又刻苦认真成绩好的同学，整理出对大家有吸引力的笔记。然后他慢慢地将更多同学加到小组里来，包括那些疯狂支持特朗普或希拉里的家伙们，最后 Timmy 加了他能加的所有同学，一起写笔记。

Timmy 对大家明确要求：小组中不许有任何政治言论，任何有攻击性言论的人都会被请出小组。因为他们的笔记质量高，没人想失去这样的学习机会，因此大家都还尊重 Timmy 的规定。

Timmy 后来告诉我，在这件事情上，他遇到的最大挑战就是贾森。贾森在政见分裂中言语刻薄，很多人厌恶他。好在贾森在小组中积极贡献，Timmy 就抓住机会不吝赞扬，称赞贾森的努力，Timmy 的做法不仅让贾森更努力，贾森还收敛了他之前的冒犯行为，也让其他同学减轻了对贾森的反感。

就这样，在不到两个小时的时间内，他们九年级曾因大选分裂的很多 IB 同学作为一个小团体，友好地在一起做功课了。

在世界上很多人为大选不安、抱怨，甚至伤害不同政见者的时候，在很多精英还在坚持"只有我是对的"时，Timmy 能够想出让他小小的世界更为和谐的做法，作为他的妈妈，我非常骄傲！丈夫和女儿知道 Timmy

的行动后，也都向 Timmy——我们家最小的成员表达了敬意。

马丁·路德·金曾说："非暴力是一种强大的武器。事实上，它是历史上独一无二的武器，它使得变革没有伤害，也让使用它的人变得高尚。"

化解同学的矛盾，把有强烈分歧意见的人组织在一起的办法是 Timmy 自己想出来的，我深感骄傲！同时，我觉得 Timmy 的做法和我与他一再强调的与人相处要秉持善良多赢的原则，有着直接的关系。

感悟

中国少儿平安行动组委会的一项调查表明，81.45% 的被访小学生认为，语言暴力是最急需解决的问题。面对语言暴力、撕裂的大环境，身处冲突中的孩子该做些什么呢？我从 Timmy 的经历中学到：

1. 语言暴力有损人格和自尊，会带来精神伤害，孩子不能做；

2. 引领孩子做有建设意义的事，使接触到我们孩子的人积极配合，让暴力消失；

3. 抓住生活中的机会，给孩子做示范，以爱和善良代替粗暴行为。

5. 你想法再好，都不如让孩子去实践

天琪是会把老师的话当作圣旨的那种类型的学生，可以说她看老师的眼神除了敬畏、纯真，剩下的都是崇拜！

天琪各科成绩优异，不玩手机，不玩游戏，不看电视，应该是天下父母们最想要的那种孩子。

可是自从天琪上了八年级，她妈妈琳琳苦不堪言，因为天琪每天的作业都要做到夜里一点以后。有一天，天琪快两点了还没睡，琳琳陪着太累，不陪又心疼。

琳琳非常焦虑，女儿这才八年级，上高中后可怎么办啊？

琳琳问天琪同学的家长，听说人家孩子10点左右就都完成作业睡觉了。琳琳回家后刨根问底了解到，数学老师留的可做可不做的作业，别的孩子都不做，天琪会整整齐齐地做好。琳琳建议天琪以后类似的作业就不要做了，可天琪不同意。琳琳亲自去找了天琪的数学老师，让老师告诉天琪不用做类似的作业了，她才罢休。

为了女儿能早些睡觉，琳琳给女儿出了好多主意，比如：

- 作业不用写得太整齐，不要太在意标点符号的对错等

  （多年来让天琪养成的好习惯，这会儿让天琪改变已不可能。）

- 能在课堂上写的作业尽量课堂上写

（可天琪一定要认真听老师讲课）
- 做题时间长，身体吃不消，到外面走走，换换环境

  （可天琪说她一点儿都不累）

琳琳心疼孩子，把能想到的快速完成作业的法子都试了，就是不好使！

后来琳琳找到我，我和她有了这样一段问答。

画云： 天琪小时候，作业做得好的时候，你会说什么？

琳琳： 我总是为天琪把作业做到完美而骄傲。

画云： 孩子一旦早早做完作业，你会给她安排更多事情去做吗？

琳琳： 没有。

画云： 孩子的姐姐做事什么样？

琳琳： 姐姐和她是两个极端，做什么事都马马虎虎，我把精力都用在姐姐身上了，很少管天琪，觉得她凡事都做得完美。

画云： 在她们姐俩成长的过程中，不管有心还是无意，你有没有对天琪说过"你看姐姐整天让我操心，你以后可别学姐姐"之类的话，或者跟姐姐赞美天琪做事很完美？

琳琳： 有意无意的，肯定都有！（停下来想了想）我明白了，天琪是在我强调并赞美她"完美"的声音中长大的。

琳琳开始回忆："每天放学我把姐俩接回家后，就让她们吃点东西后快去写作业，看谁写得好。姐姐讨厌写作业，想出各种办法逃避写作业，弄弄铅笔、擦擦桌子，磨蹭着不学习不做作业。我常拿天琪的作业整洁、不出错、完美来数落姐姐。久而久之，两个孩子间互相不舒服。姐姐恨天琪的完美，天琪作业和学习成绩比姐姐好，有时会拿作业说事刺激姐姐。"

说到这儿，琳琳好像找到了原因似的，很肯定地说："天琪做作业那么要求完美，可能不只是因为学习兴趣，也有可能是为了把姐姐比下去才这么做的。"

我也觉得有道理。

琳琳责怪自己，觉得天琪睡得晚是她造成的，想了很多办法帮助天琪早些睡觉，可天琪就是不听。

这让我明白，我们大人的想法再好，也只是对大人而言，对孩子来说也许是无法理解的。看琳琳对我的说法似懂非懂的，我给她讲了一个故事。

我女儿小时候做过一道数学题：一台机器3小时耕地15公顷，要耕75公顷地，需要多少小时？

女儿怎么都做不出来，我一看，这多简单啊，用比例一下就解出来了。我跟她解释，可她还没学比例，听不懂，问我比例是什么。我又用方程解，女儿还是不明白，因为她还没学过方程。我的方法是简单，但就女儿的数学程度，她还理解不了，我实在不知道该怎么教她。

过了好一会儿，女儿告诉我她知道怎么做了。原来她是用列举的方式做出来的。

小时	耕地
3	15
6	30
9	45
12	60
15	75

女儿的计算秘诀

在知识积累、人生阅历方面，父母很大程度上要比孩子丰富，但是我们和孩子是不同的个体，我们的方法再棒，孩子因年龄、时代，甚至文化等不同因素，无法理解我们的做法。孩子的接受力与我们对他们付出的爱和努力关系不大。要让孩子改变，一定要用孩子能够理解和接受的办法才行。

我建议琳琳最好让天琪自己想办法。

天琪因为作业牺牲太多的休息时间，睡眠得不到保障。她这个年龄还处在身体快速生长发育的阶段，我建议琳琳广泛查找资料，看看睡眠对青少年的影响，然后把资料给天琪，引起她注意后，建议孩子自己做更多的研究并想出办法来。

天琪调研后做了两件事，第一件她把研究结果给了老师。睡眠对每一个人的身体都非常重要，美国幼儿科学院朱迪丝·欧文斯（Judith A. Owens）博士认为：睡眠不但是身体极为重要的需求，对学生的成绩也大有影响。明尼苏达大学凯拉·瓦尔斯特龙（Kyla Wahlstrom）的研究成果也表明，充足的睡眠能改善成绩。天琪建议老师少留作业，但这样的事情很难很快如愿。

天琪做的第二件事，仔细研究了一番自己写作业过程。她发现如果能快速写字的话，会节省时间又保证分数，因此她不再苛求自己写字像以前那么工整，只要不是太潦草就好。

我也告诉琳琳，希望她和天琪的老师们沟通一下，为了多些睡眠时间，天琪的作业可能不会像以前那样字迹工整。

经过整整一个学期的调整，天琪终于可以在晚上 12:00 点以前睡觉了。

事件：孩子做事要求完美，导致缺乏睡眠	
和画云沟通前的琳琳	和画云沟通后的琳琳
解释：睡觉晚影响孩子的健康	解释：要让孩子找到适合自己的方法才行
感觉：焦虑	感觉：平静
行动：想各种办法要求天琪去做，但孩子拒绝	行动：帮助孩子调研，和孩子一起想出孩子觉得有道理的办法
结果：一切都是老样子	结果：孩子的睡眠问题得到解决

这件事情让琳琳不无感慨，天琪小时候让我如此骄傲的"完美"，到了初中成了我最为头痛的事情。看来如果一件事不是孩子一生都能坚持的，那就不能让孩子坚持做。完美是一种理想状态，不完美才是现实状态。接受不完美，大人和孩子都会活得轻松。

感悟

父母爱孩子又比孩子阅历丰富，因此常觉得有能力解决孩子的所有问题。要知道，也许你的方案的确很好，但你的方案是根据你的经验提出的，不一定适合孩子。当孩子不听从你的建议时，请以帮助孩子找到适合他们自己的解决思路为重，并支持孩子去实践！孩子的独立精神也会因此得到加强和锻炼！

6. 如何提升孩子的合作能力

如今为了锻炼孩子的合作能力，从幼儿园开始就有小组协作训练。随着孩子年龄增长，小组协作训练也会增多。在小组项目中，不管一个组有多少人，不管每个人做了多少工作、质量如何，小组成员一律拿同样的分数。

女儿天和初中时，曾在一次小组项目中负责稿件编辑工作，她的任务是将所有人搜集的素材编辑到一起，包括文字、影像、图片等。小组成员基本都按时提交了资料，可负责图片的埃玛迟迟没有行动，天和催埃玛，埃玛嘴上答应但仍旧没有行动。埃玛从不把分数当回事儿，相对埃玛，天和比较在意分数。没办法，天和只能向老师求助，但老师跟埃玛要资料，埃玛照样不理。

天和跟我抱怨，有时会流眼泪，只是那时的我真的不知道该怎么帮助她。周围朋友对这样的事也只能摇头，感觉只有认倒霉的份儿。

等儿子 Timmy 上初中时，我应对类似事情的能力要好得多了。不仅如此，我还跟儿子学了几招。

Timmy 是轻易不会生气的家伙，有一天我见他十分不开心，便问他怎么了。原来他是为学校小组项目的事而愤愤不平。这次小组项目，他和成绩较差又有些懒惰的杰克分到了一组，Timmy 多次提醒杰克要按时完成他的部分，可杰克理都不理，Timmy 没办法就把杰克那部分的工作也做了。最后，杰克和 Timmy 得到了同样的分数。

Timmy 觉得实在是不公平，就在那嚷嚷："老师真应该让我们自己找合作伙伴，不然像杰克这种懒蛋，怎么可能轻松地拿到 A！"

见 Timmy 如此生气，我尝试着先理解他的情绪："要说这事是真的不公平，我非常理解你的感受。你知道吗，在很多公司里，大多数华人特能干，但因为英文不好，做汇报时老美（我们称美国人老美）老印（称印度人老印）口若悬河，看起来工作是老美老印扛大梁，跟华人没关系，事实上主意是华人想的，方案是华人设计的，活也是华人干的。"

儿子看着我，给我一个"那你说怎么办吧？"的神情。

我原来是个特别黑白分明的人，看事情常会走极端。认识到自己这方面的严重问题后，再和孩子谈话时，我会注意看到事情的另一面。其实任何事情都有积极和消极的两面，为了让儿子看到积极的一面，我提醒他："刚才我们说的是从一个角度来看这件事，你看能不能从另外的角度来看呢？"

儿子觉得这样的事情怎么会有别的角度呢？

"在学校做项目，和现实工作有很多相同的地方。你会遇到形形色色的人，有人勤快，有人懒惰；有人敢于冒险，有人胆小怕事；有人聪明，有人愚钝；有人什么事情都想管，有人不愿插手任何事。"

儿子点头表示明白并同意。

"我在工作中明白了一点，就是多做多学多得，尤其是在自己经验还不十分丰富的时候。做项目本身帮助我提高调研、团队协作、沟通与表达等方面的能力。多承担的人也是在提高自己的价值。"

儿子没反对。

"对于你的小组项目，多做的人和少做的人一样的成绩，听起来特不公平。可事实上，你因对方的不作为学习了更多的知识来建设自己，让自己比懒蛋更有价值，对不对？"

"更有价值？什么意思？"

"你看，因为有懒蛋，你做得多，学到的就多，对吧？因为有懒蛋，与你和不懒的人合作相比，你的能力相对有更大的提高，不是吗？"

"按你的说法，我这吃亏的人还赚了不是？"

"这就是我理解的老祖宗说的吃亏是福。现在你觉得还有必要和懒蛋计较吗？"

"看来我还得谢谢懒蛋杰克了！"儿子边笑边调侃，感觉我说服了他。

"要是一直纠结于他什么都不做还和你拿一样分数，就会越想越气。如果换个思路，你的知识和经验就是在杰克不作为的情况下快速增长的，等你们长大了找工作时，能力差别也会很大，对不对？这叫暂时吃亏，长远受益！这样想，你还会气愤吗？用这样的逻辑，你是该多做还是少做呢？"

儿子斜了我一眼："嗯，我怎么没想到这点呢，看来你还有点儿聪明。"

之后再有类似的情况发生时，儿子不仅不再烦恼了，还会自我解嘲似的说："又吃亏赚便宜了！"

和杰克一个小组的经历，让儿子在小组作业方面又想了很多，譬如再有小组任务时，儿子会建议至少两个人共同关注一部分，其中一个人是第一关注者，另一个是第二关注者，这样可以确保第一关注者出问题的时候，另一个人可以承担过来。儿子告诉我："无论如何，我会对所有部分都保持关注！"

"为什么？"我有些不解。

"我对全局有概念，好处多多啊。万一别人不做的话我能直接上，不会抓瞎。再有，一旦我了解了全局，对各个部分都有了评判能力，这样对提高整个项目的质量大有益处。还有，谁都愿意和我这种态度的人合作嘛！"

虽然儿子说得轻松愉快，但我看得出他对小组合作中勇于承担有助于自身价值的提高有了更透彻的理解，而不是停留在概念层面。

后来的小组分工训练中，儿子又遇到过不同的挑战，比如总有人对任务挑肥拣瘦，儿子不能做他想做的部分，就此我和儿子进行过一次关于领导才能的探讨。

"你想做领导吗？"儿子点头。

"一个好领导一定是顾及全局的人，对全局有责任感的人，会十分在意自己要做哪一部分吗？"

后来，小组分工时再遇到计较的同学，儿子会让他们先挑，他做别人都不想做的部分，理由是：这样能保证项目的质量，自己反倒会少操心。

因为他总是让别人先挑选任务，他做剩下的，因此很多人愿意和他组队；因为他对任务不挑剔，又格外关注项目的整体进展，大家很在意他的想法，支持他的统筹和设计方案。儿子说反正他也要为整个项目操心，就不在乎自己具体做哪一部分了。

好嘛，有一次，儿子同时遇到两个懒蛋，因为他有"吃亏是福，顾全大局"的概念，结果几乎一个人从头到尾做了项目的80%。儿子不在乎地说："我多干点有什么，再过几年我比懒蛋得多多少知识和技能啊。"

可他万万没想到的是，那一次项目唯一扣分的地方就是他们没有做到平均分配工作量。儿子觉得特委屈，但是我们都很感谢老师对儿子的嘱咐："想办法让队友做事，也是领导力的一部分，我相信你！"

对于激发同伴的积极性，我和儿子有过一些探讨："要提高人的积极性，你得知道人在什么情况下会积极，比如，有的人在知道有奖的情况下会格外努力，无论是奖金奖品，还是升职加薪；有的人是因为害怕什么而努力，比如怕受罚、扣工资等。"

在之后的项目中，儿子和队友明确各自分工，队友有问题他会积极帮忙，可有时还是解决不了懒蛋不干活的情况。多次之后，儿子终于有了办法："谁跟我做都可以，但是有奖罚条件，懒蛋要在分数上受损失！"

我很好奇："怎么个损失法，一个小组只有一个分数啊？"

"这次我们的科学项目，我们三个人都得了 91 分，我和安莫尔都觉得杰克实在是懒惰，做得很差，就要求给他拿掉 10 分，我们三人同意后跟老师做了汇报，老师给我和安莫尔各 96 分，杰克拿 81 分。"

后来又有个项目，还是他们三个一组，杰克有了减分的经历后，这次明显努力了不少，尽管他做得还是没有别人多，质量也一般，但为了他的努力精神，Timmy 和队友对三个人得一样的分数都没再提出异议。

儿子在小组训练这件事上经历了不同的状况，我们一致认为，如果他跟和他一样努力或者比他还努力的同学一起做事的话，很难训练他在团队协作中的妥协和领导的能力，因此我们不再认为跟懒蛋一起做事是不走运的。

感悟

很多事表面上看起来不够顺利或自己吃了亏，其实不顺利或者吃亏都在告诉我们，我们可能缺少相应的应对能力，需要改变的是我们自己的能力。遇到不顺利的事情，比如小组项目中和懒蛋一个小组，这是现实为孩子提供了一个极好的学习机会，Timmy 就是在这些状况中学会了人生中很重要的事情：吃亏是福，如何调动他人的积极性，为自己争取公平！

7. 给人留下好印象是一种能力，也需要从小培养

你可曾想过，数字时代，写作是给别人第一印象的重要途径吗？孩子的声音和肢体语言时刻影响着别人对他的印象吗？孩子的写作和讲话方式对他以后的工作和学习有很大的影响吗？

我有两位文字水平超棒、才华横溢的好友，两位都是用文字与我谈各类事情，虽然都是特别真诚善良的人，但其中一位给我高不可攀冰冷的感觉；另一位则给我平易近人温暖的感觉。

这，就是文字的奇妙！文字不仅准确地表达个人观点，也把人的性格、为人的方式不经意地展露出来。在数字时代的人际交流中，文字几乎相当于传统交流方式中人的脸。

我丈夫在一所世界顶级的大学从事医学研究，他常担任这所大学研究生候选人的面试官。我自己曾是我供职的一家高科技跨国公司的面试人员，还常到大学里做大学生或研究生的面试陪练官。因此，我和丈夫对申请人的写作，以及回答问题的方式怎样影响我们的决定，有很多的交流。

以我丈夫参加的一次医学院研究生面试为例，来和你分享写作水平和讲话方式是怎样影响面试人的决定的。

在真正面试之前，有一个不可忽视的细节，就是申请者都要提交申请资料，这份资料有两个主要功能：

1. 大学根据资料决定是否给申请者面试机会
2. 申请者用这份资料给面试人留下第一印象

学校的人事部门会在成百上千的申请者中，选出部分申请人来大学参加面试。丈夫这次面试了4个人，其中有两个人的申请资料很有代表性。

艾希纳，一位印度裔女孩，在她的申请资料中，她填写的报考医学院最重要的原因是，她和祖父特别亲，可是祖父得了老年痴呆症，去世前已经不认识她了，祖孙不相识的痛苦有时让她从梦中哭醒，并让她下定决心学医来医治老年痴呆症。因为我公公就是老年痴呆症患者，丈夫特理解艾希纳的感受。艾希纳不仅仅申请资料写得好，还有卓越的音乐才能，曾在卡耐基音乐大厅表演过。艾希纳给丈夫的第一印象超级好。

扎基，一位巴基斯坦裔男孩。相对艾希纳，扎基的申请资料写得枯燥无味，基本没什么让人记忆深刻的点。扎基说他喜欢做试验，想找到一些好的办法为癌症病人解除痛苦。履历上除了很好的成绩，特别吸引人的经历不多。扎基给丈夫的第一印象很一般。

接下来是面试环节，我丈夫在面试候选人的时候，通常会提三大类问题，来判断申请者是否是他所在的医学院需要的人才。

第一类：你为什么要进入医学领域，你对本医学院有怎样的了解？

第二类：你和自己、和他人的沟通能力怎么样？

第三类：你的智力水平以及创造力怎么样？

大多数情况下申请人要用切身的经历来回答问题，或者说申请人要用自己的故事来回答。

我重点聚焦了第二类问题的6个小问题：

你的强项是什么？什么对你最有挑战性？

课外活动中，你最骄傲的事情是什么？

你做过的让你最后悔的事情是什么？

你最喜欢做的事情是什么？

发现有人作弊，你会做什么？

请分享你曾被人误解的故事。

从对这 6 个问题的回答情况，面试人就能对申请者的喜好、品格、是否自信、坦诚、大气、宽容等有所了解。因此，申请人怎样组织语言，怎样用声音和肢体动作讲好故事，就变得异常重要。

面试后，我问丈夫两个人的评分如何，他说他都给了很好的评价。

我有些困惑："我还以为艾希纳的得分会比扎基高很多呢。"

丈夫解释道："给他们两个面试完之后，我对不能"以貌取人""以文字取人"有了更深的认识，艾希纳的文字表达确实优秀，面试时反应很快，这是加分的地方，但她说话时无论从声音还是表情中都感受不到她的情感，语速很快，好像要急着把自己闪光的东西一下子都说出来一样，很干练。跟艾希纳说话，我想快点结束，好像她还有更重要的事情要去做一样。我的感觉是，她跟人相处可能会很强势，和我印象中那个非常重情温暖的人有很大的反差。

"扎基也让我非常意外，虽然他在文字方面的能力远不如艾希纳，但是说起话来自然温和，看人的眼神真诚，从他回答问题时讲的故事可以感受到他的耐心、善良和大气。跟他说话很舒服，没有任何负担。医者父母心，扎基给我的感觉是他会是一个好医生、好同事。"

艾希纳会写故事，通过申请资料给人第一印象时很有优势。扎基会讲故事，通过面对面交流时，因为会用声音、肢体语言、情感来配合，弥补了写作上的弱势。

艾希纳和扎基的写作和面试能力，是怎样影响丈夫的评分的呢？我们来看看丈夫我际关系的变化。

事件：艾希纳的申请	
面试前	面试后
解释：非常好的文书和表达	解释：性格干练，技术上会是好医生，略显强势
感觉：欣赏	感觉：正面，但没预想的好

事件：扎基的申请	
面试前	面试后
解释：很一般的文书和表达	解释：温暖，有耐心，会是个好医生
感觉：还可以吧	感觉：很不错，比预想的好

你看，其实所有跟他人的交流，都是我们在跟自己交流之后，先有了我际关系，再发生人际关系。

写作讲故事的能力是日积月累锻炼出来的，不是在找工作或与人谈判前的一两天通过培训就能迅速提高的。因此，孩子这方面的能力要在平时培养，要注意以下两点：

1.会写作，能写出好故事，是申请大学的敲门砖。写作能力是给面试官留下好的第一印象的硬实力，要训练，等到用的时候才能把握住好机会。

2.善于利用声音和肢体语言讲出好故事，会更准确、立体地展现给面试官你的性格、人品、做事风格，以及沟通能力等。功夫来自日常的积淀。

写作和表达这两种能力是孩子们大学毕业的时候必须具备的，不可忽视！所谓"台上一分钟，台下十年功"，任何技巧都要经过长期的努力来习得，然而学校的课程中，有些技巧的训练远远不够，需要家长认真帮助孩子做准备。

感悟

你想让人给你的企业投资,你得会讲你管理企业的故事;你想申请科研经费,你得会讲你的科研经历;你想帮助别人解决问题,你得会讲你相关的切身体验。会写,会讲故事,将成为孩子求学、就业、处理复杂关系时的重要帮手!这些能力的培养,要提早开始,不容忽视。

CHAPTER SEVEN

第 7 章

父母永远是孩子最强大的后盾

1. 老师当众羞辱孩子，家长该如何介入

朋友10岁的儿子，因数学考试马虎，成绩不好，拖了全班的后腿，数学老师很不开心，在全班同学面前羞辱他粗心大意。朋友说她儿子是个不爱讲话的蔫小子，老师平时把他当作空气一样不闻不问，但有点小问题时，就会给他难堪。

就如何处理这事，朋友很纠结，自己琢磨了好多点子：

送礼方便好操作，但送礼助长歪风邪气，可不送孩子就受苦；

转班、转校，孩子换到新环境也需要磨合；

用录音笔录音，放到网上搞臭老师，自己又不是这样的人；

平时多给老师赔笑脸，熟悉了没准就会好些；

干脆跟老师凶几次，为孩子出几次头，再不行就找校长，找教育局；

告诉孩子不可能人人都喜欢你，不要因为有人不喜欢你而影响情绪，影响学习，这也是培养孩子在逆境中生存的一个机会。

另外，朋友还告诉我，孩子各门功课都好，就是数学不好，怎么办？

画云： 关于数学不好，你平常怎么和儿子沟通？

朋友： 你跟我小时候一样，我数学就不好。

画云： 孩子看起来偏科，事实上可能并不是，而是跟数学老师和你每

天传递给他的关于数学的信息有关。我感觉不一定是他数学能力差，会不会是老师的羞辱让他讨厌老师，因而反感数学呢？

朋友： 我还真没这样想过。一般考试他数学能拿到 80~90 分，丢的分数都是马虎分，其他科目都能考 95 分以上。

画云： 生活中你有什么特别不爱做的事吗？我最不爱做的就是报税，我做什么都能认真，可就报税我无法认真，我希望快快结束报税的痛苦。尽管我家的税属于最简单的类型，但我仍然宁愿花钱找会计师去做。

对不喜欢的事情，我不要做到多完美，而是快点做完，然后忘记。

因为老师当着同学的面说教孩子，私下又跟父母说孩子不好，数学给孩子带来的痛苦太多了，他怎么会愿意学数学呢？我猜想只要涉及数学，不管是什么孩子都想逃避，想快点结束和数学打交道，于是考试马虎事件就发生了。

朋友： 现在老师这样对待孩子，我该怎么办？

画云： 我们很多父母知道有人不喜欢孩子后，通常的感觉是比那个人不喜欢自己还难受，常见的第一反应有：

1. 特别激进，老子我告你，找你领导

2. 直接找老师算账

3. 特别怂，在人屋檐下不得不低头

这都是非常消极的想法，会造成两败俱伤。作为曾经的"问题"女儿的妈妈，有近 20 年教龄的老师，我给你一点儿我的角度。

1. 优雅体面地低头

先澄清那些可能让老师产生了误会的事，真诚地为自己没及时澄清表示歉意。人都爱面子，道歉给人的感觉好像是没了尊严。如果别人误解了你，你可以为了尊严为自己正名，也可以为别人因你的行为造成的误解而道歉。"要"尊严，不一定能"要"得来，但我相信尊严是能"赢"得来的。

有一次我把合作方说我律师过分认真的话原封不动地给他看了，我本意是想让律师知道合作方有多不认真，结果律师以为我借别人之口在怨他。意识到他误会了之后，我是这样回复的，"是我不好，没有把话讲清楚，我直接复制了对方的话发给你，是想让你知道对方做事有多不认真，为我没及时说明这一点向你道歉。"

这样的低头，就是优雅体面的，我能感受到律师听完我的道歉情绪好了很多。

当然，在你认为老师是在"欺负"孩子的情况下，做这些并不容易，跟老师道歉会让你感觉有失尊严，你的内心也会对孩子有更多埋怨。

不过，自尊的人会自信地承认自己做得不妥的地方，优雅体面地"低头"的同时保有自己的尊严，跟老师在一些事情上道歉，其实是给老师一个愿意跟你交流的理由——你的通情达理。

2. 和老师沟通孩子的问题之前，做好铺垫（这些都是我试过的办法）

告诉孩子，今天上学有两个任务，第一个是找到你最喜欢的老师的优点（这个很容易）；第二个是找到数学老师做的让你不讨厌的事情（孩子可能一下子找不到，因为那个老师在孩子眼里一无是处）。你可以给孩子一些提示，比如，老师课堂上是不是很幽默，老师是否会唱歌或跳舞，老师有没有用一个特别的方法来讲一个概念，有没有穿什么特别的衣服，课堂上组织过什么特别的活动，甚至有过什么让孩子印象深刻的表情，诸如此类。

平时跟孩子交流时，尽量问老师有些什么样的优点，如果孩子在课堂上努力发掘老师优点的话，对老师的抵触情绪就会小一些。

等孩子找到老师的优点之后，你可以给老师发类似下面的信息："今天儿子说您在课上谈到刘欢时，唱起了《北京欢迎你》，他说大家都很惊讶老师唱得那么有激情，儿子说的时候特兴奋。我们非常感激老师给孩子们带来不一样的课堂氛围。"

这样的信息，老师一定会喜欢的。（我怎么知道呢？我是老师，我也对我孩子的老师这样做过。）而你，只不过是陈述一下事情，稍微"夸张"一点儿孩子的兴奋情绪。这样为你和老师的交流打开一条积极的渠道。

请注意：给老师的信息，一定是真实发生的事情，你的谢意也一定是极为真诚的，没人喜欢虚情假意的表扬。

3. 角色演习

让孩子当老师或课代表，用讲课的方式教你学数学。你可以称呼孩子小张老师，提高他讲课的积极性。

孩子给你讲课的时候，你还要做个捣蛋的学生，比如故意犯儿子在学校会犯的错误，让孩子体验一下自己给老师带去的麻烦。让孩子用老师对待他的方式对你，从而了解课堂上老师和孩子的情况。

4. 与老师分享你的办法，同时让老师提建议。

和老师沟通你在家跟孩子做的对孩子特别有帮助的事情，比如和孩子比谁做数学题更快，孩子特开心；比如你对孩子作业的认真程度的表扬，孩子更配合等。

这么做一是让老师知道你在积极地改进孩子的学习习惯，二是间接地告诉老师对孩子有用的办法，然后请老师指点，把老师放在高一点的位置上。愿为人师，是大多数人喜欢做的事情，老师就更不例外。

这样做会让老师有被尊重、被感激、被珍惜的感觉，自然会更积极地与你配合。我有一些学生家长说话特别横，遇到这样的家长，我不但不会对孩子不好，反倒会更疼惜在这样的家庭中长大的孩子。但这样的老师应该是不多的，对吧？

5. 和孩子，和老师的上级夸赞老师。

父母可以通过各种渠道了解到一些老师的优点并跟孩子分享。当着孩子的面尽量说老师的好，夸赞老师。在老师跟你沟通的过程中，你一定会发现老师非常努力的部分，为了老师知道你的感激，可以考虑让老师的上级知道。你将发现老师会非常珍惜你的珍惜！

我儿子六年级的时候，最不喜欢的科目是历史。七年级时很幸运，遇到了儿子和我都非常喜欢的卡恩先生，儿子每天回家都眉飞色舞地给我讲历史课上的事。为此，我曾给校长写过我十分珍惜卡恩先生的信，并复制给卡恩先生。卡恩先生非常感谢我对他的赞赏。

6. 父母也要问问老师，孩子最近在班上有哪些改进，让老师给出具体的例子。这样不仅会引发老师寻找孩子的优点，而且一旦孩子知道老师跟父母讲自己的优点后，也会自觉努力做得更好！

与朋友沟通后，大概有小半年的时间，朋友说她体面优雅地跟老师，也跟孩子"低头"。在和孩子的角色互动中，她感觉孩子可能夸大了老师对他的不好，因此朋友对老师的气小了很多。朋友积极坦诚地和老师交流，老师不再当众给孩子难堪，偶尔也会抓住孩子配合的瞬间夸奖孩子，孩子对老师不再抗拒，数学成绩也慢慢好起来了。

从事情发生到最后，朋友多次调整了自己的我际关系。

事件：孩子数学不好，和老师互不喜欢	
消极的我际关系	积极的我际关系
解释：老师太差劲，孩子偏科，数学天生不好	解释：孩子的成绩跟孩子与老师的关系，自己对数学的感情息息相关
感觉：无奈，生气	感觉：孩子数学可能不会太差，感到放心；要和老师处好关系，感到挑战
行动：抱怨孩子和老师，沉浸在消极的行为和情绪中	行动：检讨自己做得不好的地方，努力挖掘人性的本善，建立起与孩子、老师友好沟通的渠道，积极地协助老师助力孩子的成长
结果：孩子和老师的关系，孩子的成绩都没有改善	结果：各种关系以及孩子的成绩都得到改善，家长有成长

感悟

很多父母养育一个孩子就叫苦不迭，而老师要单枪匹马面对众多小皇帝小公主。老师，真的不容易。孩子和老师之间产生问题，看起来是父母很难控制的事情，但事实上，父母是孩子和老师关系的润滑油、引路人。遇到问题时，纠缠于问题本身只能产生新的问题，而努力去挖掘老师、孩子、自己的人性本善，会让自己从被动的旁观者变成起关键性作用的角色，一定要相信自己的力量并好好挖掘！

2. 女儿被欺负，妈妈的处理尽显人性光辉

梦菊：画云老师，我女儿旋旋上二年级了，她很害怕班里一个叫怡宁的女生。怡宁强势霸道，说话很不友好，经常拿旋旋的铅笔、橡皮什么的，而且有拿无还。旋旋这几天一放学就嚷着不想再在这个学校了，不想看到怡宁，能感受到她既无奈又痛苦。虽然我一直在学习亲子沟通、育儿方法，但面临这样的问题时，还是不知道该怎么帮助孩子勇敢应对。请问我该如何帮助女儿呢？

从此我和梦菊开始了长达两个月的一对一咨询。

（一）

画云：请先做一件事，你扮演女儿，让女儿扮演怡宁，重现一些"现场"，对女儿的汇报重新评估一下，好吗？

梦菊：我曾多次让女儿跟我角色扮演，但她就是不肯或者说忘了。不过，前几天在学校，怡宁管她时，她按我教的说："不要你管我的事！"女儿告诉我的时候特别高兴，我让她演出来，她很高兴地演了。看来孩子是不愿意再次面对受欺负的负面情绪。

画云：就旋旋和怡宁的事情，你找老师沟通过吗？

梦菊：找过好几次呢。告诉老师一些她不知道的事情，比如：在食堂

吃饭每人一个鸡腿，怡宁要吃旋旋的，旋旋不给，她还是要吃。拿旋旋文具，如果旋旋不给，她就偷走，或者说旋旋答应送给她的。老师说她会管教怡宁，不让她拿别人的东西，好好对待同学，依据校规不骂人打人。同时，老师要求我帮助提高旋旋的抗挫能力，学会和强势的同学沟通交流。

画云： 老师就"孩子提高抗挫能力，学会和强势的同学沟通"这点儿，对你有怎样的建议，她在学校具体会怎样教孩子呢？

梦菊： 老师没有提出具体的建议和方法。

画云： 就老师没有具体的建议和方法，你是怎么想的？

梦菊： 我觉得老师也不知道怎么做好，只有我自己找方法。您有什么方法可以让我试试吗？我觉得光说是不够的，一定要有办法才行。

画云： 你或者你女儿知道怡宁喜欢什么东西吗？

梦菊： 我只知道她更喜欢和男同学玩，爱指挥别人，老问同学要吃的和学习用品。女儿说她喜欢漂亮的东西。

画云： 问下女儿，老师表扬怡宁的时候多吗？

梦菊： 问过了，不多。因为她老打人骂人，之前当班长，现在也给撤了。

画云： 能告诉我你对怡宁的感觉吗？恨？怨？可怜？心疼？还是别的什么？你表达得越确切，我才能尽快有效地帮助你。

梦菊： 怡宁来自单亲家庭，挺可怜的。我觉得她父母没给她足够的爱和陪伴，她的强势可能是内心需要更多关注和认可的外在表现吧。前几天我碰到她时告诉她："旋旋说你这几天对她很好，你是个好孩子。"我感到她脸上掠过一丝欣喜。

画云： 太好了！你能这样做，我就更坚定地要给你一些建议了。

梦菊： 什么建议？

画云： 去温暖这个孩子，你能做到吗？

梦菊： 我想可以的。

画云： 我对你非常有信心，这件事要让班主任帮一下忙。

梦菊： 我也准备和老师谈谈，让她在怡宁表现好的时候多鼓励，批评怡宁的时候千万别拿旋旋作比较。

画云： 你看看我的建议是否适合你的情况，如果不适合，我们再想别的办法，我只需要你告诉我真话，好吗？

1. 跟老师约时间当面聊，这很重要。
2. 告诉老师"她管那么多孩子不容易，老师辛苦了"。
3. 你找老师是想感谢怡宁的努力的。
4. 给怡宁买一两件学习用品，请老师交给怡宁。
5. 让老师替你感谢怡宁。因为怡宁的努力带给你安宁，少为孩子操心，集中精力工作；老师也能把更多的精力用在教学上。

梦菊： 这是一个不错的方法。

（二）

过了两天。

梦菊： 我今天把给怡宁买的漂亮文具给了老师，请老师在怡宁表现好并对我女儿好的时候给她。老师说这个方法可行，还说怡宁对老师布置的任务特上心，她会专门给怡宁布置一些班级工作，让她发挥优点，体会到存在感和价值感。

画云： 你和老师都是好人，怡宁好幸运。两个孩子能在充满爱的环境中健康成长，真好！真感人！

（三）

梦菊： 昨晚和老师交流。老师说这几天怡宁刚刚表现好点，正想等她再好点时送她礼物，毕竟这是对她行为的认可和赞美。结果昨天中午，怡宁不按说好的时间还旋旋的书，不仅不还，还在宿舍把旋旋压在床上好半天。您觉得什么时候给礼物合适呢？这种情况下送可以吗？

画云： 班主任的话让我想到这样一幅画面：怡宁在爬树，老师的"刚刚表现好点"可能是怡宁这个阶段能爬的最高点了，老师"想等她再好点"时,可怡宁已经没劲儿再往上爬了。如果是我,我会及时鼓励怡宁,哪怕是很小的进步。因为这很小的进步,可能是怡宁用了最大的努力来取得的,这份努力值得支持。你觉得呢?

(四)

梦菊: 我跟老师沟通了,老师也很抱歉觉得她没抓住机会。这周怡宁表现不错,老师昨天给了她礼物。昨天接孩子时,刚好碰上怡宁一个人在外面站着,我走过去双手拉着她的手说:"阿姨知道你在努力做个好孩子,阿姨很感谢你,送你的礼物,你喜欢吗?"她说喜欢。我说:"你是个好孩子,和旋旋好好玩,做好朋友。"

画云: 真好!怡宁是个有福气的孩子。请知道,怡宁还是做孩子的,还会有不同的问题,还会惹你女儿不开心,因此需要大人们的耐心引领。另外,旋旋很小就遇到了个爱"惹事"的同学,很小就开始学习与"有问题"的人相处,有你的协助,她抗挫的翅膀会越来越强壮,谁说女儿遇到怡宁是坏事呢?

梦菊: 我告诉女儿,"怡宁也是个好孩子,只不过她说话的方式有时会让人不舒服,你要知道自己是什么样的,不必太在意她的评价,不经你的同意没人能伤到你。"女儿很认真地点点头。怡宁在努力做好自己,女儿的内心也在慢慢强大。

(五)

一个月后。

梦菊: 女儿最近和同学相处融洽,很快乐。谢谢您的指导。昨天,怡宁妈妈也通过老师送给旋旋一个密码笔记本。女儿非常高兴,我也很欣慰。

今天送旋旋去上学,碰到一位家长说两周前怡宁把她女儿的头碰破了,孩子一直不敢说,家里人一发现孩子头上的伤,直接就找校长去了。

我是否该把我对怡宁的方法告诉他们呢?

画云：怡宁很幸运能遇到你，但是让每个遇到事情的家长都像你一样对待怡宁，可能不容易。你看这样是否可行，你和怡宁有接触，她和你比跟别的家长亲近，你可否找她聊聊？就说如果你的孩子被她弄成这样，你会很心疼，那个头被碰伤了的孩子，她的家长一定也特别心疼。希望怡宁能像支持你一样支持别的家长。她努力对旋旋好，你很感谢她，如果她能努力对所有小朋友都很好，你会给她鼓励，比如告诉老师她的好，给她买她喜欢的小东西等。如果需要，我愿意给你一些资助来做这件事情。

梦菊：谢谢老师！其实只要她愿意都不缺这点钱，您放心我知道该怎么做了。

（六）

梦菊：昨天我找到机会和怡宁说，"你和旋旋做好朋友，旋旋很开心，阿姨谢谢你。希望你们以后一直是朋友。"她点了点头。因为有其他人过来，话没说完。不过我告诉女儿，"妈妈想让你给怡宁转达，如果她能像对你一样对待其他同学，让别的妈妈也放心，我会给她一个大大的奖励"。女儿说如果怡宁能做到，就送她一套迪士尼公主化妆品。

画云：非常美好的母女！智慧！

（七）

现在我们回过头来看，梦菊在旋旋被欺负这件事情上采取的方法非常简单，但做到却不容易，因为这需要她对欺负自己孩子的人善良。

梦菊关爱怡宁的同时，让我们看到她对旋旋深深的爱，旋旋一定也体会到了这份爱。梦菊不仅将旋旋从困境中解救出来，也教会了女儿在处理棘手问题时如何选择：

把注意力放在怡宁的问题上，和怡宁对立，导致旋旋每天胆战心惊地面对怡宁，梦菊担心旋旋；

把注意力放在怡宁的努力上，与怡宁和解，怡宁更努力，两个孩子成为好朋友，梦菊专心工作。

事件：女儿被强势的孩子欺负
解释：强势的孩子需要大人的引领和温暖
感觉：看到希望，平静，自信
行动：寻求老师的协助，奖励强势孩子为改变自己所做的努力，在语言上对孩子表达关爱、赏识
结果：孩子之间相处融洽，老师、家长、学生共赢！

善意和解，利人利己；逞强对立，害人害己。遇到困难能锻炼孩子抗挫力的说法，老师别轻易告诉家长，家长别轻易告诉孩子。孩子面对困难时，强调抗挫力的培养，听起来挺好，也会平衡一下家长的无力无奈感。但是，如果只有说辞没有具体办法的话，这样的说教不能解决孩子的问题。因为孩子看不到眼下挫败的益处。不懂大人关于挫败的说法，反而有可能增加孩子的挫败感。因此，我要指出，冠冕堂皇没有具体措施的说辞更像是无能的借口。

用实际可操作的办法去解决孩子的麻烦，这些办法将变成孩子解决问题的一个工具，有了抗挫的工具，孩子的抗挫力才会提高。

感悟

"养育一个孩子需要举全村之力"，我很喜欢这句话。希望在孩子成长的路上，大家把温暖的双手伸给自己孩子的同时，也伸给别人家的孩子。别人家的孩子不仅仅包括一般意义上的好孩子，也包括那些有不如人意的行为甚至是欺负我们孩子的孩子！你这样做，我这样做，别人就会在我们的孩子遇到困难时，拥抱我们的孩子。这便是我向往的充盈着人性光辉的社区。让我们为自己，为孩子建立这样的生活社区！从梦菊开始，从我开始，从你开始！

3. 14岁女儿被邻居骚扰，家长该怎么办

薇妮： 我们有个邻居43岁，最近好几次问我女儿想不想跟他出去玩，还说想买什么、想吃什么都可以，他出钱。我不知道怎么跟邻居说，怕适得其反。他这人不正经，总在外面拈花惹草，还常带不同女人回家。我怕事，觉得还是我先生跟他说比较好，可我先生脾气暴躁，我跟他一说完这事，他就大骂起来："敢跟老子玩这个，我宰了他！"说着就给邻居打电话，好在那个邻居当时不在家。可我都快吓死了，我该怎么办？

画云： 跟我说说你女儿的性格。每次邻居要送礼物时，她怎么说？邻居什么反应？

薇妮： 女儿性格内向，不会拒绝人。比如陪她买衣服，店员不停地推荐，她就不停地试，我问她喜欢哪件，她说都不喜欢，问她那为什么还试，她说不知道怎么拒绝。

邻居要给她礼物，她就说不用了，但邻居会不停地游说，说没事的，许多女孩子都接受。我不知道该怎么处理这事，也不敢轻易说什么。

画云： 你和先生要有一个人找邻居谈，制止他。你觉得你俩谁去谈合适？

薇妮： 是我们先找邻居谈，让他以后不要这样对孩子，还是我们告诉孩子邻居以后再这样该怎么回他？

画云：我的判断是，你们这个邻居一直要给孩子钱，给孩子买东西，说明他知道孩子没告诉你们，所以胆子越来越大了。这件事不仅要教会孩子怎样拒绝，大人也必须出面。

微妮和先生商量后决定让先生岩立出面。

画云：你听到这件事后，第一感觉是什么？

岩立：第一感觉就是想打他，揍了他再说。后来想想，打人解决不了问题。

画云：你和邻居平时关系怎么样？

岩立：挺好挺融洽的。

画云：你认为我们找他谈的目的是什么？

岩立：避免这样的事情再发生。

画云：你准备怎么跟他谈？

岩立：都是邻居，都认识，坐下来先聊聊天，然后，然后，还没想好怎么说。

画云：如果我是你，我会以打听一件事的方式出现，先澄清孩子的说法，比如说，我女儿说有几次你要给他钱，给她买项链，带她出去玩，是这样吗？

如果他回答是的话，你会怎么说？

岩立：嗯，嗯，一下子想不出来。

画云：如果是我，我会这么说，我女儿很困惑，问我们你为什么要给她买东西，为什么要给她钱，我和太太也非常困惑，想知道你是怎么想的？

你明确表明你的困惑，然后问他的想法。不管他说什么，你都告诉他，我们家孩子不经过我的允许，是不能接受任何人给的任何东西。也想告诉你，不要再跟我女儿提给她买东西的事了，大人孩子都困惑。

简短，明确，态度坚定，说完就走。你能做到吗？

岩立：能。

画云：你现在说说你怎么跟他说？

岩立：就是，就是先闲聊几句，然后嘛……

好一会儿，岩立没说出什么。

画云：我过去遇到这样的事情一定会发火，也不习惯就事论事有气魄地跟人讲话。以我对你的了解，这样做也不是你习惯的方式。因此我想请你跟我角色演习一下，如果你能直接简短，态度坚定，说完就走，我就放心了。

跟我来角色演练，对你来说可能很有挑战，甚至让你觉得不舒服。我来跟你说说我这样做的原因吧。

在美国，学校公司等都会定期进行火警演习，警报响了之后，人们迅速从建筑物中有序地走出来。这样的演练，帮助人的大脑记住他们在做什么，为什么那样做。人的记忆是通过脑细胞回路来实现的。参加过火警演练的人，大脑中会有面对火灾如何行动的脑细胞回路，以后当相似的情景出现时，大脑会到从前发生的事件数据库中寻找解决方案。因此经过火警演练的学生，与被告知有火情时该怎么做的学生相比，会更快速有效地应对火灾。

现在我们来演练一下，我是你邻居，你来找我，你会怎么说，好吗？

过了好一会儿，岩立还是不知道怎么说。

画云：你听了我的解释，马上就明白了。但你跟邻居说的时候，很可能就像现在这样，不知道怎么开口。因为你的大脑里没有这样的脑细胞回路，让你马上就能有气魄地表明立场提出要求是不容易的，所以请跟我演练。

我重复了我的说法，要求他再说一遍。

岩立：就说，呃，就说我有事想问你，我女儿跟她妈妈闲聊的时候，说有人要给她钱买手机，要带她出……

画云（打断了岩立）：你不想谈邻居做了什么，是吗？你想说我的孩子遇到了这样的事情，你怎么看，对吗？

岩立：对，先从这方面入手，好说一点。

画云：你不想说是他做的，是吗？（这时我感觉有些着急了。）

岩立：还是没想好，不好意思说。

画云：他都好意思对你女儿这样，你怎么会不好意思跟他澄清呢？你是父亲，这件事你必须担起责任，不能让女儿自己去面对。（读者朋友，你能想到我说这话时，语速开始加快了，对吗？感觉到我的紧迫感了吗？）

岩立：我再想想怎么说。

画云：邻居知道你遇事就会发脾气，这次你说话平静坚定，会引起他的注意的。无论如何，我希望你能按照自己觉得舒服的方式先跟他澄清一下，你怎么跟他澄清呢？（我冷静多了）

岩立：我丫头说你要给她买东西，给她钱，你怎么这么做人？你想干什么？

画云：我们来对比一下两种说法：

第一种：你怎么这么做人？你想干什么？

第二种：是这样吗？

岩立：明白了。孩子说你要给她买东西，给她钱，是吗？

画云：他说对，你怎么说？

岩立：你孩子遇到这样的事情，你怎么做？

画云：很好！还要告诉他，你和孩子都困惑，问作为父亲他会怎么做。

岩立：我孩子想不明白为什么你要给她买东西，作为邻居，我们每天都来往，你怎么会对孩子说这样的话呢？

画云：因为邻居还没有做出具有破坏性的事情，所以你说的时候，主要强调你很困惑，尽量不质疑指责。记住你的目的是让对方知道，你知道这件事了，以后不允许这样的事再发生。你的态度要平静，口气要坚定，但不需敌对。

对比一下,你就知道该怎么说话了:
1. 你这样对我孩子,是什么目的?
2. 你是怎么想的?

岩立跟我又练习了 4 次,我叮嘱他跟邻居谈话时,强调事实和困惑,然后问邻居是怎么想的?岩立终于知道该怎么讲了。

我也认识到,要改变平时的思维和说话习惯,实在不易!

我嘱咐岩立谈之前,要想象一下和邻居说话的细节,想象的过程也是在增强处理这件事的脑细胞回路。训练大脑,让大脑帮忙,而不是用情绪去攻击。

岩立按我们商定的方式找邻居谈了,邻居给自己找台阶下:"我就是问问你们有没有给你女儿钱花,没给的话,我就给她点。你们不会认为我想泡你女儿吧,我再怎么也不能这样啊。咱认识都快 20 年了,怎么都不会有过分的行为。"

岩立又一次明确表示,以后不要再跟女儿谈给她钱物等,说完就离开了。

这个过程中,就这件事,岩立的我际关系一直在变化中,改善中。下面是岩立开始听到这件事和最后解决这件事的我际关系表。

事件:邻居骚扰女儿	
咨询前	咨询后
解释:女儿和自己被欺负	解释:这是父母必须为孩子出面的事情,因为事情还没产生破坏性,还在可防范阶段,要先澄清事情,与邻居沟通的目的是让他停止这种行为
感觉:异常愤怒	感觉:自信,坚定
行动:打电话,要骂人	行动:澄清事情,提出要求和警告,有气魄得体地与邻居交流
结果:担心说不明白适得其反,十分纠结	结果:邻居同意停止打扰孩子,事情平静地解决

就邻居这事，孩子应该注意什么，我给了一些建议。

1. 尽量远离邻居，拒绝他的任何钱物，不坐他的车，不进他的家门。如果他说需要女儿帮什么忙，不管是什么忙，都不要帮。假如他说他病了，让女儿找别人帮，自己不帮。

2. 平时要记录：哪天，什么时候，邻居说了什么，做了什么。这样的记录希望用不上，但万一需要，会是强有力的证据。

3. 孩子每天回家时最好跟朋友在一起，别单独行动，父母能接就接。

4. 孩子常变化自己回家的时间和路线。

5. 跟邻居的任何接触，都要及时告诉父母。

6. 平时，不管对方是老师、教练，还是其他熟悉的人，不允许任何成年人对孩子做不适当的事情，比如"意外"碰到孩子的私密处。叮嘱孩子轻易不给别人电话号码，因为我们控制不了别人给孩子什么样的信息。

薇妮： 我一直不懂怎样教育孩子，以为吃饱喝足，接送上学放学就完成任务了。与您交流，才感到自己是多么失败，不懂得该怎么跟孩子沟通。

画云： 跟青春期孩子有良好的关系并非易事，让孩子与你分享她的生活更是难上加难。所以在孩子很小的时候就要建立好关系。关系好，孩子才会愿意跟你分享自己遇到的问题，当你想和孩子谈很重要的事情时，孩子会更配合。

平时和孩子交流，问孩子问题时，最好别让孩子有压力。比如下面这两种说法：

1. 你现在和朋友相处怎么样？我能为你做些什么吗？

2. 有人告诉我你做了……，天啊，怎么回事？你怎么这么做事啊？

前一种说法会让孩子感受到爱和支持，孩子更愿意说真话，后一种说法会让孩子能隐瞒就隐瞒。

青春期的孩子愿意和朋友交流，是因为朋友理解他们，所以你要尽量理解孩子，告诉孩子不管她告诉你什么，你都不会生气的。

和孩子聊天也是有技巧的，我总结了这么几点：

1. 创造一对一的聊天机会，如果孩子不愿与你面对面坐着，那可以在车里，也可以边走边聊。

2. 多听少说，对孩子的话题表示出兴趣。

3. 你不一定同意孩子所有的观点，但如果你表示理解并尊重孩子的感觉的话，孩子就愿意跟你敞开心扉。

4. 如果孩子跟你分享的是你不能接受的，吼叫或者指责只能让孩子不想和你多交流。如果你不能平静沟通的话，告诉孩子你需要一些时间。

5. 允许孩子出错，出错是成长的必经之路。

和孩子建立起信任关系，你对孩子的引导和保护就有立足之地；跟孩子有话好说，孩子跟你可能会有话就说。

也可以适时跟孩子演习说"不"，这样在孩子需要说"不"的时候，会很自信地说出来！

感悟

当我们怀疑他人没安好心时，很容易去质疑指责对方，因为我们认为自己有理，第一反应就是理直气壮，岩立也不例外。但是当岩立改变了行为方式，只讲事实，只表达自己的困惑，提出自己的需求时，他不再害怕说出来会适得其反了，他很自信并达到了预期目的。

跟孩子建立良好的关系，孩子遇到困难时才会找父母帮忙，平时要帮助孩子做好防范心术不正之人的准备。这样，在孩子最需要父母的支持，最需要有办法处理自己的困境时，他们的安全感就能得到保证！

附录

思考与沟通 Think and Speak Up

现实社会和家庭的需求

现实教育中，学校着重培养孩子在学业上有分析问题、解决问题的能力，但是忽视了分析生活中情感冲突与解决冲突的能力培养。而后者是一个人快乐人生更应具备的素质。孩子需要更有效的处理冲突的技巧，更强的领导自己的能力！

"听话"几乎是全球教师家长给学生的最高评语，是衡量学生品质和能力的尺子。在听话教育中成长的孩子容易循规蹈矩、迷信书本、崇拜权威、让别人的话左右自己。我们需要孩子善于忍让又不失原则，独立自信，有创新和挑战传统的勇气！

孩子从小就知道"出错"是最糟的事，"出错"的孩子是坏孩子，会遭惩罚。人人恐惧出错，"失败是成功之母"变成一个非常苍白的说法。我们需要孩子在一个鼓励出错、感激出错、庆祝出错、盼望出错、出错越早越多越好的环境，把出错当作机会来训练孩子克服困难，有败后再战、运随思转的智慧！

华人父母有时有意在外人面前讲自家孩子不足，华人领导不避讳在外人面前批评自己的下属。在这样环境熏染下成长的孩子，怎能有效地指出他人的不足并且帮助他人改进呢？我们希望孩子学会指出别人缺点时不但不冒犯别人，别人还欣然感激地接受，并努力提高自己的领导才能！

学校课堂、补习班和加强班给数理化语文才艺足够的重视。对表达能力、演说的培训则少之又少。如何有效地组织语言，声情并茂地表达自己的想法，不仅是一个领导者必需的才能，也是团队工作一定要有的能力。我们希望孩子能够在会议、应酬、面试讲话时既言之有物又应对自如！

因"不能输在起跑线上"的影响，孩子从小就被训练成一个竞争者，忽视合作的重要性。在当今市场竞争条件下，只有公平积极地竞争、平等真诚地合作的人们，才能在激烈的竞争中处于互援境地，达到合作共赢。我们希望孩子懂得什么是真正的竞争，有很强的"独立却又精于团队协作"的能力！

虚心使人进步，骄傲使人落后的思维与西方世界推崇的最大程度上推销自己的理念极不协调。虚心和羞于表达是华人推销自己的最大绊脚石。不管在哪里做什么，靠的是影响力，影响力靠的是向别人有效地推销自己的观点、想法和计划的能力。我们希望孩子推销自己时谦虚而不卑躬，自信而不自大，善于表达自己的观点，有技巧地表达不同的意见，赢得他人的支持！

思考与沟通（Think and Speak Up）公司的建立

上述现实社会和家庭的需求，需要通过思想认识上（Think）的革命，人际沟通技巧（Speak Up）来实现，作为创建人，我在2003年成立了"思考与沟通"（Think and Speak Up）公司。

在Think and Speak Up，我的团队创造性地设计课堂活动，采取高互动的教学方式，寓乐于学，施爱于教，着重做人的培养，在玩、演和创作中：

- 帮助学员理解，与自己的沟通和情感的表达，对人际关系和个人生活的影响
- 增强学员自信创新，解决冲突，公平协作，有力谈判的领导力沟通技巧
- 训练学员励志演说，即兴演说，评价演说，赢得他人支持的能力
- 培养学员形成失败和挑战是成长步骤的观念，成为掌握自己命运的独立思考者
- 鼓励学员在学校、社区发挥领导力，增强自信心，为今后多彩的人生旅程打下结实的基础，受用终生！